AI가 대체하는,
대체 못하는 노동

AI문고

인공지능 시대입니다. 기계가 인간의 인지를 대신하고, 사물이 인간을 통하지 않고 다른 사물과 직접 커뮤니케이션합니다. 이에 따른 인간 삶과 문명 변화를 정확히 이해·예측·대응하는 것은 이 시대 우리 모두의 과제입니다. AI문고는 인공지능 기술과 환경의 여러 주제를 10가지 키워드로 정리합니다. 관련 개념과 이론, 학계와 산업계의 쟁점, 우리 일상의 변화를 다룹니다. 인간과 기술의 현재, 미래를 세심히 분석합니다.

일러두기

- 인명, 작품명, 저서명, 개념어 등은 한글과 함께 괄호 안에 해당 국가의 원어를 병기했습니다.
- 외래어 표기는 현행 어문규정의 외래어표기법을 따랐습니다.

처음이세요?
전문가세요?

AI가 대체하는,
대체 못하는 노동

김관욱

대한민국, 서울, 커뮤니케이션북스, 2025

AI가 대체하는, 대체 못하는 노동

지은이 김관욱
펴낸이 박영률

초판 1쇄 펴낸날 2025년 6월 4일

커뮤니케이션북스(주)
출판 등록 2007년 8월 17일 제313-2007-000166호
02880 서울시 성북구 성북로 5-11
전화(02) 7474 001, 팩스(02) 736 5047
commbooks@commbooks.com
www.commbooks.com

ISBN 979-11-430-0292-1 03500

책값은 뒤표지에 표시되어 있습니다.

차례

AI 이후 노동의 미래

2023년 5월 2일 미국작가조합(Writers Guild of America, WGA)은 AI(Artificial Intelligence, 인공지능)의 영향에 대한 우려로 15년 만에 파업을 단행했다. 이것은 AI 기술 도입과 관련하여 발생한 최초의 대규모 파업으로 기억된다. 조합은 AI가 기존 작품을 학습하여 대본을 작성하는 행위가 작가들의 지적 재산권을 침해하고 생계를 위협한다고 주장하였다. 이어서 7월 14일 배우·방송인 노동조합(Screen Actors Guild-American Federation of Television and Radio Artists, SAG-AFTRA)도 AI 기술이 배우들의 얼굴과 목소리를 복제하는 등 초상권을 침해할 수 있다고 항의하였다(이윤정, 2023.5.2). 이러한 파업은 단순히 AI가 조합원의 재산권, 초상권을 침해한다는 것을 넘어 이제 자신들의 일자리를 완전히 대체할지도 모른다는 불안감을 상징적으로 보여 주는 사례라 할 수 있다.

한국도 예외는 아니다. 2023년 11월 말 한국에서 실제로 AI 도입으로 인한 집단 해고가 발생했다. 바로 금융권 고객 센터 상담사들이었다. 해당 금융 기업은 AI 서비스 고도화 이후 고객 센터의 콜 수가 감소했다는 이유로 협력 업체 두 곳에서 일하는 상담사 240명에게 해고 예고 통지서를 발송했다(이현주, 2024.2.20). 다행스럽게도 고객 센터 노동조합, 시민 단체, 그리고 여러 정치계의 참여로 집단 해고는 철회되었다. 하지만 AI의 '습격'으로 인한 일자리 불안감은 완전히 해소되지 않았으며, 이제부터가 시작이다.

한국 사회에 AI 기술 도입에 대한 열망이 싹튼 시기는 2016년 3월 구글 딥마인드(Google DeepMind)의 AI '알파고(AlphaGo)'와 이세돌 9단과의 대국 이후로 볼 수 있다. 실제로 금융권 고객 센터에서 '챗봇 AI(chatbot AI)'를 적극 도입한 시기가 이때 이후였다. 알파고의 등장은 '4차 산업 혁명'에 대한 본격적인 논의를 불러일으켰고, 학계에서도 인간을 뛰어넘을 인류 최후의 발명품으로서 AI에 주목하기 시작했다(Barrat, 2013; 김대식, 2016). 나아가 AI로 인해 이제 '인간의 노동력은 필요가 없다' '노동의 시대는 끝이 났다' 등과 같은 서구 학자들의 논의 또한 본격적으로 소개되기 시작했다(Kaplan, 2015; Susskind, 2020).

동시에 AI가 가져올 노동의 실질적인 변화에 대비해

야 한다는 요구 또한 지속적으로 제기되어 왔다. 대표적으로 경제학자 칼 프레이(Carl Frey)와 인공지능 전문가 마이클 오스본(Michael Osborne)이 공동 저술한 《고용의 미래(The Future of Employment)》가 그것이다(Frey & Osborne, 2013). 두 학자는 미국의 720개 직업이 향후 20년 안에 '자동화' '전산화' 과정을 통해 대체될 것인지 상세히 분석하였다. 고위험군에서부터 저위험군에 이르기까지 구체적인 직업을 제시하기까지 했다. 물론 이와 같은 예측은 다양한 사회적 · 문화적 · 정치적 · 경제적 요소들에 의해서 변동될 수 있는 분명한 한계가 존재한다(송성수, 2022).

하지만 이와 같은 기대와 전망은 2022년 11월 30일 오픈 AI(OpenAI)가 챗GPT(ChatGPT)를 출시한 이후 완전히 달라졌다. 그 누구도 AI가 이렇게 뛰어난 능력을 발휘할 수 있을지 예측하지 못했기 때문이다. 실제로 2023년에 오픈 AI는 펜실베이니아 대학 연구진과 함께 챗GPT와 같은 대규모 언어 모델(Large Language Model, LLM) 방식의 AI가 미국 노동 시장에 미치는 잠재적 영향에 대한 연구 결과를 발표하였다(Eloundou et al., 2023). 이들은 과거 단순 사무직의 대체가 예견되었던 것과 다르게 고소득 지적 노동자가 가장 큰 위협을 받을 것이라고 보고했다.

챗GPT의 출현은 과거 모든 학자들의 예측했던 AI에 대한 논의를 무의미한 것으로 만들어 버렸다. 실제로 딥러닝(deep learning) 모델을 통해 AI 기술의 혁신을 이끌며 2024년 10월 노벨물리학상을 수상한 제프리 힌턴(Geoffrey Hinton) 교수는 자신이 만든 이 기술이 얼마나 더 '똑똑해질지'에 대한 우려 섞인 이야기를 전달했다. 실제로 그는 챗GPT 출현 이후 극심해진 AI 빅테크(Big Tech) 경쟁에 대해 비판하였고, AI의 위험성을 경고하기 위해 2024년 4월 구글을 퇴사하였다(김미정, 2023.5.2). 심지어 힌턴은 2023년 5월 영국 가디언(Guardian)과의 인터뷰를 마치면서 기자에게 "인생을 즐기세요. 앞으로 그럴 수 있는 시간이 얼마 남지 않았어요"라고 말할 정도였다(Hern, 2023.5.5).

힌턴의 이러한 우려는 결코 근거 없는 것이 아니다. 2022년 11월 30일 출시된 챗GPT-3.5는 '경력 3년 차의 유능한 개발자 3~4명의 역할'을 수행할 수 있을 정도라는 평가를 받았다. 이후 4개월 뒤인 2023년 3월 14일, 업그레이드된 챗GPT-4가 출시되었으며, 이는 기존 3.5 버전이 미국 변호사 시험에서 하위 10퍼센트의 성적으로 간신히 합격했던 성능을 상위 10퍼센트 수준으로 끌어

올린 것으로 평가되었다(박태웅, 2023). 너무나 놀라운 지능의 향상 속도라 할 수 있다. 바로 이러한 능력으로 인해 과거 AI 도입 이후 노동의 미래에 대한 많은 예측들을 빗나가게 만들었다. 예를 들면 챗GPT 출시 이전에는 AI 도입 이후 가장 빠르게 소멸될 노동 영역으로 반숙련 · 비숙련 노동이 꼽혔었다(엄효진 · 이명진, 2020). 그런데 챗GPT 출시 이후 2023년 11월 16일 한국은행에서 발표한 국내 분석에 의하면 정반대로 의사, 회계사, 변호사 등 고소득 전문직이 AI에 의해 대체될 가능성이 크다고 전망됐다(한지훈, 2023.11.16).

엄밀히 이야기하면 이것은 새로운 과학기술의 발전과 이에 따른 미래 변화에 대한 '올바른' 예측 문제가 아니다. 오히려 '올바른' 사회적 대비의 문제에 해당한다. 즉, 아무리 정확하게 예측한다고 하더라도 이러한 변화를 위해 적절한 노동 정책을 마련할 사회적 의지가 없다면 의미가 없다. 대표적 예로 독일의 연방노동사회부는 2015년 '노동 4.0 녹서(Green Paper)'를 발간하여 디지털화로 인한 노동 환경 변화에 대한 사회적 대화를 시도하였다. 이를 통해 사회적 변동 속 '좋은 노동'은 어떻게 유지되고, 강화될 수 있으며, 어떤 정책적 접근이 필요한지를 물었다. 독일 정부는 18개 도시에서 노동조합 및 사용자 단체, 기업 대표, 학계 전문가, 시민 사회단체, 일반 시민들이 참여하여 직접적 대화를 시도하였고, 그 결과를 담아 2016년에 '노동 4.0 백서(White Paper)'를 발간하기에 이르렀다(박귀천, 2020).

독일 노동 4.0 백서에 담긴 핵심 결론으로 디지털 자본주의 시대 노동의 성격 변화의 불가피성 인식(특히 노동 불안정성 증가), 인간 중심적 노동 환경 구축의 필요성 강조, 노동권 보호 및 사회적 보장의 강화, 노동자 역량 개발을 위한 지속적인 재교육의 중요성, 노사 간 협력 방식의 변화 등을 꼽을 수 있다(황기돈, 2017). 이 모든 사항의 전제 조건은 바로 '사회적 대화'다. 한국의 노동 분야는 AI 도입과 무관하게 사회적 대화의 결핍이 낳은 부작용이 장기간 지속되고 있다. 지나치게 높은 산업 재해 사망률, 과도한 노동 시간, 고용 불안정성 등 대화가 절실히 필요한 문제들이 여전히 답보 상태에 있다. 따라서 한국 사회에서 AI 도입은 단순히 노동 형태를 변화시키는 것을 넘어 기존 노동 분야에 산적한 문제들을 심화시키고, 지나치게 복잡한 난제로 만들거나, 최악의 경우 해결 불가능한 노동의 숙명으로 인식하게 만들지 모른다.

본서는 이와 같은 문제의식하에 먼저 인공지능 도입

이후 노동 영역에서 실제로 어떤 분야가 대체되었고(1장), 앞으로 대체될 것으로 기대되는지를 자세히 다룰 것이다(2장). 또한, 그 과정에서 동반되는 노동 정책의 변화(3장)와 함께 노동자 권익 보호를 위해 필요한 대비책(4장), 노동자에 발생할 수 있는 건강상 문제 및 대비 방안(5장)에 대해서도 포괄적으로 다루어 볼 것이다.

이어서 인공지능 도입 이후 가장 먼저 사라질 업종으로 예견되었던 콜센터 산업에 대한 국내 인류학 연구를 소개함으로써 현장에서 실제 어떠한 변화가 진행되고 있는 보여 줄 것이다. 즉, 노동자가 AI 도입 과정에서 어떠한 역할을 부여받는지(6장), 도입 이후 구체적으로 노동의 어떠한 양적 · 질적 변화를 경험하게 되는지(7장), AI 정착 이후 변화된 고용 상태는 무엇인지(8장), 그 과정에서 밝혀진 AI가 대체할 수 없는 인간 노동자의 역할은 무엇인지(9장)에 대해 다루고자 한다. 마지막 10장에서는 AI 시대 노동자가 직면할 새로운 노동 경험을 정리해 보고, 이에 대비하기 위해 어떠한 사회적 대화가 필요한지에 대해 논의하며 마무리할 것이다.

참고문헌

김대식(2016). 《인간vs기계: 인공지능이란 무엇인가》. 동아시아.

김미정(2023.5.2). "'AI 대부' 제프리 힌튼, 구글 퇴사…"수십년 AI 연구 후회"". 〈ZDNET Korea〉, https://zdnet.co.kr/view/?no=20230502093040
박귀천(2020). "4차 산업혁명, 인공지능 시대의 노동법 -독일의 상황을 중심으로-". 《노동법논총》, 49, 65~97쪽.
박태웅(2023). 《박태웅의 AI 강의》. 한빛비즈.
송성수(2022). "인공지능은 인간의 일자리를 얼마나 대체할 것인가: 인공지능 시대의 기술과 노동에 관한 시론". 《코기토》, 96, 7~37쪽.
엄효진·이명진(2020). "인공지능 (AI) 기반 지능정보사회 시대의 노동시장 변화: 경제사회학적 접근을 중심으로". 《정보사회와 미디어》, 21(2), 1~20쪽.
이윤정(2023.5.2). "할리우드 작가들, 15년 만에 '파업'". 《경향신문》, https://www.khan.co.kr/world/america/article/202305022148005
이현주(2024.2.20). ""내 자리 대체할지 모를 AI, 내가 학습시켰다"… 콜센터 습격한 AI". 《한국일보》, https://www.hankookilbo.com/News/Read/A2024021503440000791
한지훈(2023.11.16). "한국은행 "의사·회계사·변호사, AI로 대체될 위험 크다"". 〈연합뉴스〉, https://www.yna.co.kr/view/AKR20231116059500002
황기돈(2017). "독일의 노동 4.0 백서: 디지털 시대의 '좋은 노동'에 대한 청사진". 《경상논총》, 35(4), 85~105쪽.
Barrat, J.(2013). Our Final Invention: Artificial Intelligence and the End of the Human Era. Thomas Dunne Books. 정지훈 옮김(2016). 《파이널 인벤션: 인공지능, 인류 최후의 발명》. 동아시아.

Eloundou, T., et al.(2023). GPTs are GPTs: An early look at the labor market impact potential of large language models. arXiv preprint arXiv:2303.10130.

Frey, C. & Osborne, M.(2013). *The Future of Employment: How Susceptible are Jobs to Computerization?*. Oxford Martin School.

Hern, A.(2023.5.5). Godfather of AI quits Google with regrets and fears about his life's work. The Guardian. https://www.theguardian.com/technology/2023/may/05/geoffrey-hinton-godfather-of-ai-fears-for-humanity

Kaplan, J.(2015). *Humans Need Not Apply: A Guide to Wealth and Work in the Age of Artificial Intelligence*. Yale University Press. 신동숙 옮김(2016). 《인간은 필요 없다: 인공지능 시대의 부와 노동의 미래》. 한스미디어.

Susskind, D.(2020). *A World Without Work: Technology, Automation, and How We Should Respond*. Metropolitan Books. 김정아 옮김(2020). 《노동의 시대는 끝났다: 기술 빅뱅이 뒤바꿀 일의 표준과 기회》. 와이즈베리.

01
AI가 대체한 노동의 영역

AI가 인간 노동을 대체할 것이라는 선언이 쏟아지는 시대, 우리는 그 담론이 어떻게 구성되는지 검토할 필요가 있다. 'AI가 인간 노동을 대체한다'는 명제 아래, AI 기술의 특징과 노동 대체 원리, 자동화와 노동의 역사적 전환, 주요 대체 영역을 분석하며, 협업의 가능성보다는 오히려 노동 강도의 악화라는 현실을 비판적으로 조명한다.

AI와 1인 창업?

AI가 인간 노동을 대체한다

"AI가 인간 노동을 대체한다!"라는 표현은 대부분 예측에 따른 일종의 선언에 가깝다. 아직 그 무엇도 명확하지 않다. 그렇지만 확실한 것은 2022년 11월 생성형 AI인 챗GPT가 출시된 이후 뛰어난 능력에 놀란 전 세계가 급격히 노동 시장 변화에 대한 예측을 쏟아 내기 시작했다는 점이다. 실례로 골드만 삭스(Goldman Sachs)는 2023년 3월 26일 'AI가 경제 성장에 미치는 잠재적 대규모 효과' 분석 보고서를 통해 챗GPT와 같은 생성형 AI가 미국 일자리의 7%를 '대체'하고, 63%는 '보완'하며, 30%만 '아무런 영향을 받지 않을' 것으로 전망했다. 즉, 최소 70%의 일자리가 AI의 영향권 안에 있다는 예측이다. 나아가 미국 및 유럽의 노동 시장의 약 1/4은 AI에 의해 자동화할 수 있다고 예측했다. 연구 기관별로 AI 도입에 따른 영향을 예측하는 시각차는 존재하지만 그 영향 자체를 부인하는 곳은 어디에도 없다.

"미래는 예측하는 것이 아니고 상상하는 것"이라는 미래학자 앨빈 토플러(Alvin Toffler)의 표현처럼 AI와 노동의 미래에 대한 예측의 밑바탕에는 긍정적 기대가 깔려 있다. 이것은 자본주의 사회의 경제 성장에 대한 맹목적 추구(Hickel, 2020)와 '과학기술 낙관주의'(김환석,

2017)라는 명제를 바탕으로 한다. 여기에는 AI가 "정치, 노동, 문화, 자본을 아우르는 대규모의 산업적 구성물"로서 대표적 '추출(extraction) 산업'이라는 성찰은 찾아보기 힘들다(Crawford, 2021). 물론 이것이 네오러다이즘(Neo-Luddism)처럼 신기술의 발전을 지연시키거나 중지시켜야 한다는 뜻은 아니다(Jones, 2006). 그보다는 AI에 대한 기대감이 지나치게 팽배해 있는 현실을 지적하는 것에 가깝다. 그렇지만 마이크로소프트(Microsoft) 연구소의 선임 연구원인 그레이와 수리(Gray & Suri, 2019)가 지적했듯 "자동화의 가장 큰 역설은 인간의 노동을 없애려는 욕구가 커질수록 인간을 위한 일이 항상 새로이 생긴다"라는 사실이다. 여기서 핵심은 일자리가 양질의 것이냐는 데 있다. 따라서 AI 시대의 일자리 논쟁은 근본적으로 AI가 일자리를 얼마나 대체·보완할 것이냐가 아니라 AI로 인해 양질의 일자리가 얼마나 부족해질 것이냐에 대한 것이어야 한다(Brown et al., 2020).

AI의 특징과 노동 대체의 원리

생성형 AI의 출현 및 성공은 새로운 AI 시대에 대한 기대감을 폭발시켰다. 사용자 측면에서 가장 혁신적인 것은 말 그대로 '대화형' AI라는 점이다. 특수한 프롬프트가 아니라 일상 대화 형식으로 손쉽게 AI를 범용 인턴처럼 활용할 수 있다는 게 가장 큰 장점이라 할 수 있다. 한편, AI 개발에 투자하는 기업의 측면에서 가장 매력적인 것은 바로 AI 산업이 '규모의 경제'라는 점이다(Wu et al., 2023). 그전까지 AI 기술 개발에 가장 큰 난제는 얼마나 많은 데이터를 학습시켜야 적정 수준의 지능을 구현할 수 있느냐 하는 거였다. 투자한 자본만큼 성공을 기대하기 어려웠던 반세기 실패의 역사가 그 증거다. 그렇지만 이제 더 많은 투자를 할수록 그만큼 성공할 확률이 뚜렷하다는 확신이 생겼다. 학습 연산량이 약 10의 22제곱을 넘는 순간 대규모 언어 모델의 능력이 갑자기 솟구치는 것을 챗GPT가 입증해 냈기 때문이다(박태웅, 2023). 이 현상의 정확한 원리는 아직 그 누구도 모른다. 그렇지만 투자자에게 이보다 큰 희소식은 없다. 금융 자본이 그러하듯 자본 규모가 성공의 질을 결정하고, 돈으로 지능을 살 수 있게 된 것이다.

보다 구체적으로 AI 기술력의 5가지 일반적 특성으로 인해 일자리에 대한 기대와 우려가 커지고 있다. 첫째, AI 기술력의 빠른 고도화, 둘째, 일반인들이 체감할 수 있는 빠른 상용화, 셋째, 기계 학습의 발전으로 비정형 업무에서도 높아진 예측 능력, 넷째, 하나의 AI 모델이 다양한 작업을 수행할 수 있는 높은 확장성, 다섯째, 정형 업무를 넘어 창작 분야까지 활용될 수 있는 뛰어난 창의성이 그것이다(한국지능정보사회진흥원, 2023). 이상의 특징들은 기존에 알려졌던 반복적 업무, 대량 데이터 처리, 의사 결정 보조 등의 능력에 덧붙여져 일자리 변화에 대한 우려 섞인 기대감을 키우고 있다.

AI는 특성상 기본적으로 반복적이고 정형화된 업무처럼 규칙 기반의 작업에 쉽게 활용될 수 있다. 또한, 비정형화된 업무라 하더라도 기계 학습을 통해 고숙련 업무에 활용될 가능성이 커졌으며, 생성형 AI를 통해 업무 현장에서 직접적인 보완 역할을 수행할 수 있다. 지금까지 제기된 예측들은 공통적으로 AI는 반복 · 규칙적인 중간 숙련도 직종에서 우선하여 기존 노동력을 대체할 것이며, 저숙련 육체노동(예를 들어 청소, 트럭 운전 등)과 같은 고숙련 직종의 경우는 당분간 유지될 것이라는 결론을 내놓고 있다. 그 결과 노동 영역이 저숙련과 고숙련 직종으로 양극화되고, 그로 인해 소득 불평등이 심화될 수 있다고 예측된다(Autor et al., 2003).

자동화와 노동 대체의 역사적 흐름

기술 발전에 따른 자동화가 노동 양상을 변화시켜 온 역사는 최초의 산업 혁명 이후 변곡점을 네 번 거쳐 왔다. 1차 산업 혁명(18세기, 기계화 혁명)의 경우 증기 기관을 기반으로 한 기계화가 진행되었고, 농업 일자리가 감소하고 공업과 제조업 일자리가 증가했다. 그 결과 기계 조작 및 관리 기술자 직업이 증가했다. 2차 산업 혁명(19세기~20세기 초, 대량 생산 자동화 혁명)의 경우 대규모 공장이 등장하고 생산 공정이 표준화되면서 대량 생산이 가능해졌고, 그에 따라 생산 단계의 분업이 발생하며 노동력이 효율적으로 이용되었다. 이로 인해 공장 노동자, 엔지니어, 생산 공정 관리자가 증가했다.

이어서 3차 산업 혁명(20세기 후반, 정보화 혁명) 시대는 컴퓨터와 인터넷을 활용한 정보화 사회로 진입하면서 사무직과 생산직의 자동화가 급격히 증가하기 시작했다. 제조업 중심에서 서비스업 및 지식 산업으로의 전환이 이루어졌고, 소프트웨어 개발자, IT(Information Technology, 정보 통신) 전문가, 데이터 분석가와 같은 직업이 등장했다. 마지막으로 4차 산업 혁명(21세기, 지능 정보화 혁명)으로 규정되는 오늘날은 AI, 빅데이터(big data), 사물 인터넷(Internet of Things, IoT), 자동

표 1-1. 시기별 산업혁명의 특징 및 노동 환경 비교

산업혁명	주요 기술	특징	대체된 직업	새롭게 등장한 직업
1차 (18세기)	증기기관	기계화 시작, 공업 사회 출현	수작업 기술자	기계 조작자
2차 (19~20세기 초)	전기, 조립 라인	대량 생산, 공정 자동화	수작업 노동자	공장 관리자, 엔지니어
3차 (20세기 후반)	컴퓨터, 인터넷	정보화 사회, 디지털화	단순 반복 업무 종사자	IT 전문가, 프로그래머
4차 (21세기)	AI, 빅데이터, IoT	지능화된 생산 및 서비스, 융합 산업	단순 사무직, 제조업 일부	AI 개발자, 데이터 분석가

화 로봇이 결합하여 지능화된 생산 및 서비스로 전환되었다. 그 결과 노동 환경은 점차 유연화되고, 재택근무와 원격 협업이 증가했으며, AI 개발자, 빅데이터 분석가, 스마트 공장 전문가, 로봇 엔지니어와 같은 직업이 등장했다(소프트웨어정책연구소, 2015; 엄효진 · 이명진, 2020).

앞서 소개했듯이 AI 도입은 산업 혁명의 모든 과정이 그러했던 것처럼 앞으로 10년간 생산성 수준에 점진적 변화를 가져올 것으로 예상된다. 세계적인 AI 석학 제리 카플란(Jerry Kaplan) 교수는 《인간은 필요 없다》에서

기존의 산업 혁명과 달리 AI가 인간의 노동력을 단순히 보완하는 것이 아니라 다수의 역할을 직접 대체할 거라고 강조했다. 또한 AI가 기존의 고용 구조 자체를 변화시켜 전통적인 '노동 시장' 개념마저 붕괴할 가능성이 크다고 예상했다(Kaplan, 2015). 미래학자 마틴 포드(Martin Ford) 역시 AI가 새로운 일자리를 창출할 것이란 기존 논리를 반박하며, 대규모 실업과 중산층 직업(화이트칼라 및 블루칼라)의 몰락을 예견하며 소득 불평등의 심화를 예견했다. 그 대신 소위 '슈퍼스타 경제'로 전환이 이루어지면서 소수의 AI 개발자, 기술 기업, 자본가만이 부를 독점하는 구조로 변환될 가능성을 경고한다(Ford, 2022).

카플란이 새로운 방식으로 AI와 공존해야 함을 강조했다면 포드는 대규모 실업을 대비하기 위한 기본 소득 같은 정책적 대응을 강조했다. 그렇지만 이러한 주장들은 불확실한 미래에 대한 예측 및 경고에 그칠 수 있다. 현재로서는 지속적 관찰과 분석을 기반으로 하여 과도한 우려에 주의를 기울이며 균형 있는 시각이 필요한 때다(한국지능정보사회진흥원, 2023).

AI가 대체한 주요 노동 영역

그렇다면 현재 AI가 대체하고 있는 주요한 노동 영역은 어디인가? 크게 네 가지로 구분할 수 있다.

첫째, 단순 반복 노동 영역이다. 예를 들면 제조업의 로봇 공정에 의한 공장 자동화와 물류 · 유통업에서 AI 기반의 자동화 시스템에 활용되고 있다. 둘째, 데이터 기반 업무 영역이다. 가장 대표적 예로 금융 · 회계 분야에서 로보어드바이저(robo-advisor), AI 감사 시스템을 들 수 있다. 또한, 법률 분야에서 계약 검토 및 판례 분석, 의료 분야에서 영상 판독에 기술이 적용되고 있다. 셋째, 서비스업 영역이다. 실제로 키오스크(kiosk)를 활용한 무인 점포는 물론 AI 바리스타(barista)까지 등장했다. 더불어 고객 상담에 챗봇과 콜센터 AI 상담사가 이용되고 있다. 넷째, 창의적 노동 영역이다. 작곡 및 창작, 기사 및 발표문 작성 등 여러 영역에서 자동화된 AI 콘텐츠가 생산되고 있다.

물론 지금까지 다룬 네 개의 영역에서 AI가 완벽하게 인간 노동자를 대체했다고 판단하기에는 이른 감이 있다. 현실에서 대체보다는 AI가 인간을 보조하거나, 인간이 AI를 보조하는 상호 보완 관계가 보편적인 상황이다. 정보기술학자인 하미드 에크비아(Hamid Ekbia)와 보니 나르디(Bonnie Nardi)는 자동화(automation)가 인간의 도움 없이는 실현되지 않기 때문에 '헤테로메이션(heteromation)', 즉 불완전한 자동화로 보아야 한다고 강조한다(Ekbia & Nardi, 2017). 물류 센터의 예만 보더라도 물건을 분류 및 운반하는 과정에서 AI 기반의 자동화 로봇의 활용도가 점점 높아지고 있지만, 마지막 포장 및 배송은 여전히 인간 노동자의 몫으로 남아 있다. 즉, 대체나 보완보다는 협업이라 표현하는 게 맞을 것이다. 그렇지만 이 모든 논의에서 간과해선 안 되는 것은 대체도, 보완도, 협업도 아닌 AI에 의한 노동 강도의 악화다. 물류 센터에서 주문 빈도, 물품 특성, 재고량 등에 따라 AI가 수시로 보관할 위치를 정해 주는 시스템[랜덤 스토(random stow)]은 인간 노동자에게 쉴 틈 없이 일거리를 제공하고 있다. 그 결과 과로에 의한 사망까지 발생하고 있는 현실은 AI가 어떤 노동을 대체하느냐보다 AI를 어떻게 활용하느냐가 가장 시급한 문제임을 보여 준다(박미숙 외, 2022).

참고문헌

김환석(2017). "인공지능 시대를 보는 이론적 관점들". 《사회와이론》, 31, 41~62쪽.

박미숙 외(2022). 《마지막 일터, 쿠팡을 해지합니다》. 민중의소리.

박태웅(2023). 《박태웅의 AI 강의》. 한빛비즈.

소프트웨어정책연구소(2015). "컴퓨터 기술진보와 미래 일자리 변화". https://spri.kr/posts/view/9621?code=issue_reports

엄효진·이명진(2020). "인공지능 (AI) 기반 지능정보사회 시대의 노동시장 변화: 경제사회학적 접근을 중심으로". 《정보사회와 미디어》, 21(2), 1~20쪽.

한국지능정보사회진흥원(2023). "인공지능 기술 발전과 일자리의 미래". https://www.nia.or.kr/site/nia_kor/ex/bbs/View.do;jsessionid=90EC6EBF90511D1C220E04C536335B56.1dfc6aa176d006361143?cbIdx=25932&bcIdx=25938&parentSeq=25938&pageIndex=2&mode=&searchKey=&orderbyDiv=date

Autor, D., et al.(2003). The Skill Content of Recent Technological Change: An Empirical Exploration. *The Quarterly Journal of Economics, 118*(4), pp.1279~1333.

Brown, P., et al.(2020). *The Death of Human Capital? Its Failed Promise and How to Renew It in an Age of Disruption.* Oxford University Press.

Crawford, K.(2021). *Atlas of AI: Power, Politics, and the Planetary Costs of Artificial Intelligence.* Yale University Press. 노승영 옮김(2022). 《AI 지도책》. 소소의책.

Ekbia, H. & Nardi, B.(2017). *Heteromation, and other stories of computing and capitalism.* MIT Press.

Ford, M.(2022). *Rule of the Robots: How Artificial Intelligence Will Transform Everything. Basic Books.* 이윤진 옮김(2022). 《로봇의 지배》. 시크릿하우스.

Goldman Sachs(2023.3.26). "The Potentially Large Effects of Artificial Intelligence on Economic Growth".

https://www.gspublishing.com/content/research/en/reports/2023/03/27/d64e052b-0f6e-45d7-967b-d7be35fabd16.html

Gray, M. & Suri, S.(2019). *Ghost Work: How to Stop Silicon Valley from Building a New Global Underclass.* Houghton Mifflin Harcourt. 신동숙 옮김(2019). 《고스트워크》. 한스미디어.

Hickel, J.(2020). *Less is more: How degrowth will save the world. William Heinemann.* 김현우·민정희 옮김(2021). 《적을수록 풍요롭다: 지구를 구하는 탈성장》. 창비.

Jones, S.(2006). *Against Technology: From the Luddites to Neo-Luddism.* Routledge.

Kaplan, J.(2015). *Humans Need Not Apply: A Guide to Wealth and Work in the Age of Artificial Intelligence.* Yale University Press. 신동숙 옮김(2023). 《인간은 필요 없다》. 한스미디어.

Wu, S., et al.(2023). "Autonomy 2.0: The quest for economies of scale". https://arxiv.org/abs/2307.03973

02

AI가 대체할 노동의 미래

과연 AI 시대에 '대체되지 않는 노동'은 가능한가? AI로부터 안전한 직업의 조건, AI에 취약한 노동군의 특징, AI가 넘지 못할 공감과 창의의 한계, 노동 대체에 따른 사회적 합의의 필요성을 중심으로 기술 낙관주의를 넘어서 인간 노동의 경계와 가치를 재조명한다.

AI와 MBTI?

AI로부터 안전한 직업이 있는가

2023년 7월 BBC(British Broadcasting Corporation)에 "AI가 아직 대체하지 못할 직업들"에 특집 기사가 실렸다. 과거 산업 혁명을 거쳐 오며 새로운 기계가 인간의 일자리를 빼앗아 갈 거라고 지속적으로 예측됐지만 그 때마다 대부분의 인간은 살아남았다. AI 도입 이후 이러한 위협이 어느 때보다도 커진 것은 사실이지만 여전히 '감정 지능'과 '창의적 사고'를 요구하는 직업들은 쉽사리 대체되지 않을 걸로 예측된다.

특히 BBC는 세 개의 직업군을 꼽았다(Morgan, 2023). 첫째, 창의적 직업이다. AI는 완전히 새로운 아이디어를 창출하는 것은 어렵기 때문이다. 둘째, 복잡한 대인 관계가 필요한 직업이다. 사람에 대한 깊은 이해와 신뢰 형성이 필요한 영역에서 AI의 능력은 여전히 제한적이다. 셋째, 안전 영역이다. 예측하기 어려운 환경에서 많은 움직임과 손재주, 문제 해결 능력이 필요한 영역은 AI가 대체하기 어렵다. 물론 아무리 아직 안전한 일자리라 할지라도 대부분은 일의 방식에 일정 부분 변화될 가능성이 크다.

AI가 대체할 가능성이 높은 미래 노동

미래학자 마틴 포드는 AI 시대에는 과거의 상식과 정반대로 일자리의 안전성이 바뀔 것으로 예측한다. 즉, 앞으로는 블루칼라보다 고등 교육을 받은 화이트칼라 직업군이 더 위험할 것이라고 말이다(Ford, 2022). 실제로 2024년 9월 한국은행의 국내 연구 결과 고학력, 전문직 직종(일반 의사, 한의사, 연구원 등)이 AI로 대체될 가능성이 가장 높으며, 반대로 대면 서비스 직종(성직자, 대학교수, 경호원, 건물 관리자 등)은 대체 가능성이 낮을 것으로 예측됐다(한국은행, 2023.11.16). 하지만 이러한 예측이 노동 불안정성이 상대적으로 높은 블루칼라 노동자의 불안을 없애기에는 충분치 않아 보인다. 실제로 2024년 6~7월에 성인 취업자 881명을 대상으로 실시된 AI 실태 조사에 의하면 비정규직, 저소득 및 교육 훈련 무경험 집단, 플랫폼 노동 및 프리랜서 집단에서 특징적으로 일감 감소, 소득 감소, 일자리 상실과 같은 부정적 영향을 더 높게 인식하고 있는 것으로 측정됐다(일하는 시민연구소 · 유니온센터, 2024). 즉, 기존의 노동 구조에서 취약한 위치에 있는 노동자일수록 AI 도입에 의한 변화에 가장 큰 불안감을 느끼고 있다.

한편, 고등 교육이 필요한 전문직 영역 중 특히 의료,

법률, 교육 분야에서 AI의 적극적인 도입이 예상된다.

첫째, 의료 분야에서 AI로 환자 데이터 분석을 활용한 로봇 수술 및 암 환자 치료법 제안 시스템[예, '아이비엠 왓슨(IBM Watson)'], AI 활용 영상 판독 시스템은 앞으로 더욱 확장될 전망이다. 이것은 진료 및 치료 속도의 향상 및 오진율 감소의 효과를 보일 수 있지만, 의료 인력의 고용 구조에도 일정 부분 영향을 미칠 걸로 예측된다.

둘째, 법률 분야에서도 이미 미국과 영국에서 AI가 과거 판례를 분석하여 사건 결과를 예측하는 시스템을 보조적으로 활용하고 있다. 중국의 법원에서는 AI 판사가 교통 위반과 같은 간단한 사건을 처리하고 있는 실정이다. 또한 AI 변호사[예, '로스(Ross)']를 활용하여 법률 자문을 받기도 한다. 이처럼 기본적 법적 문제 해결이나 반복적인 분석 작업을 AI가 대체함으로써 법률 분야의 고용 구조에도 변화가 예측된다.

셋째, 교육 분야의 경우 개인 맞춤형 AI 튜터(tutor)[예, '듀오링고(Duolingo)'], AI 자동 채점 시스템처럼 이미 적극적으로 AI를 활용하고 있어 가장 많은 일자리 변화가 예측되는 영역 중 하나다.

AI가 인간 노동을 완전히 대체할 수 없는 영역

AI 앞에 이제 인류에게 남은 가장 시급한 질문은 이러하다. "우리는 '곧' 필요 없는 존재가 될 것인가?" 이것은 "AI 우위의 시대에 종교의 기능은 유지될 것인가?"에 대한 질문으로 확장될 수 있다(이진현, 2022). 이것은 단순한 기우가 아니다. 최근 틱톡(TikTok), 유튜브 쇼츠(YouTube Shorts), 인스타그램 릴스(Instagram Reels) 등 쇼트폼(shortform, 수십 초의 짧은 영상물)에 대한 중독 문제는 '팝콘 브레인'(popcorn brain, 일상생활에 흥미를 잃고 팝콘이 터지듯 큰 자극을 추구하는 현상)에 대한 우려부터 '도파민 디톡스(detox)'의 필요성이 대두되고 있다(장승용, 2024.7.31). AI가 인간의 지적 능력을 어디까지 추월할지는 예측하기 어렵지만, 그로 인해 촉발되는 각종 자극들이 종교의 자리를 대체해 버리지 못할 거라고 장담할 수 없다. 특히 인류학자 캐슬린 리처드슨(Kathleen Richardson)은 최근 성인용 로봇(sex robot)이 AI 기반 딥페이크(deep fake), 가상 현실 속 포르노그래피와 함께 우려할 수준까지 진화했음을 강조한다 [Richardson & Odlind(eds.), 2023].

이러한 기우 속에서도 AI가 '완전히' 대체할 수 없는 노동은 무엇인가. 이것은 지금의 AI 기술로 수행 가능한

상위 직업	하위 직업
화학 공학 기술자 발전 장치 조작원 철도 및 전동차 기관사 상하수도 처리 장치 조작원 재활용 처리 장치 조작원 금속 재료 공학 기술자	음식 관련 단순 종사자 대학교수 및 강사 상품 대여 종사자 종교 관련 종사자 식음료 서비스 종사자 운송 서비스 종사자

표 2-2. AI 노출 지수 상위 및 하위 직업
출처: 한국은행 고용분석팀(2023)

업무가 해당 직업의 업무에 얼마나 집중되어 있는지(일명 AI 노출 지수)에 따라 예측할 수 있다. 2023년 11월 16일 한국은행에서 발표한 보고서 내용 중 AI 노출 지수에 따른 직업군은 표 2-2와 같이 분류된다. 또한 임금 수준과 학력 수준별로 분석할 때, 고학력 · 고소득 노동자일수록 AI 노출 지수가 높았다. 이것은 과거 산업용 로봇 및 소프트웨어와 같은 기술 도입으로 저학력 및 중간 소득 노동자가 크게 영향을 받았던 과거와 다른 특징이다.

AI 노출 지수가 상대적으로 낮은 직업들의 면면을 살펴보면 두 가지 공통점을 목격할 수 있다. 가장 뚜렷한 공통점은 바로 경험에 따른 빠른 업무 대처 능력이 필요하고, 이를 적절히 수행하기 위한 섬세한 육체적 기술이 필요하다는 점이다. 음식, 식음료, 운송, 상품 대여 등이 그러하다. AI를 활용한 자동화 로봇이 이러한 부분을 완

전히 대체하기란 아직까지 불가능해 보인다. 물론 여기에는 투자 비용 대비 효과 측면도 고려해야 한다. 왜냐하면 이러한 직업군은 저임금 노동자로도 고용주의 이윤을 창출하는 데 문제가 없고, 인간 노동자의 임금 지출 비용이 AI 개발을 위한 투자 비용보다 낮을 수 있기 때문이다.

여기서 주목해야 할 또 다른 공통점은 바로 '공감 능력'이다. 종교 관련 종사자와 대학교수가 대표적이라 할 수 있는데 AI가 대체할 수 없는 이들의 능력이란 지능의 문제가 아닌 '대면 서비스'에서 가장 중요한 섬세한 공감 능력일 테다. 대면을 기반으로 한 물리적 접촉은 그 자체로 상담 효과가 있으며, 공감에 기초한 듣기 능력은 상담에서 매우 중요하다. 이것은 종교 관련 종사자, 심리 상담사, 교수 등에게 요구되는 중요한 능력으로서 AI가 대체할 수 없는 영역이다. 왜냐하면 AI는 얼굴을 마주하고 대면할 수 있는 '인간다운' 실체가 아니기 때문이다. 간단한 상담 정도는 비대면 화상 서비스의 활용이 대면 상담과 유사한 효과를 기대할 수 있지만 이 역시 '간단한' 상담에 국한된 것이며, 그 효과 역시 AI가 아닌 '인간' 상담사였기에 가능한 일이다(장수미 외, 2022).

철학자 에마뉘엘 레비나스(Emmanuel Levinas)의 지적처럼 인간이 인간의 '얼굴을 마주하는 것'은 윤리적 상호 작용의 필수 요소이고, 감각과 표정이 없는 AI는 이를 대체할 수 없다(강영안, 2005). 만일 이것이 가능해지려면 먼저 인간의 표정으로부터 감정을 학습해야만 할 것이다. 그렇지만 표정을 통해 감정 인식을 자동화하려던 모든 도전은 이미 그 한계를 드러냈다. 케이트 크로퍼드(Kate Crawford)는 이것을 "지엽적 감정 이해", "앙상한 세계관", "만화적 스케치"에 불과하다고 비판한다(Crawford, 2021).

앞의 논의에서 AI 노출 지수에 포함되지 않았지만 AI가 대체하기 힘든 또 다른 직업군이 있다. 그것은 인간 고유의 창의성이 필요한 영역도 마찬가지다. 문학, 미술, 영화로 대표되는 예술 분야에서 AI가 기존의 것을 흉내 내는 것이 아니라 고유한 감정과 기억을 기반으로 한 새로운 창작물을 만들어 내는 일을 온전히 대체하기 어려울 것이다. 물론 실제로 AI가 상업 예술 분야에서 정형적 · 반복적 업무를 처리하는 데 대체 및 보조적 역할을 수행하거나, 소위 감성 AI를 통해 소비자의 감성 반응을 분석하여 콘텐츠를 개발하는 데 활용되고 있다(송정은, 2024). 하지만 창의성 자체를 대체하기에는 한계가 있다. 여기에는 기술적 한계는 차치하더라도 똑같은 예술

작품이라 하더라도 진품과 위조품에 차이를 두는 것처럼 '인간'이 만든 창작물에 대한 가치 부여는 전혀 다를 것이기 때문이다. 오히려 시급한 사안은 인간의 고유한 창작물을 무단으로 AI 딥러닝의 데이터로 사용하는 저작권 문제다. 어떤 데이터든 창작 시스템을 개량하기 위해서 마치 '주인 없는 석유'인 양 광적으로 채집하려 하는 일종의 "도덕적 명령"을 경계해야 할 것이다(Crawford, 2021).

AI 시대, 사회적 합의가 필요한 분야

AI가 어디까지 인간 노동을 대체할 것인가는 어디까지 AI의 개발과 도입을 허용할 것인가와 같은 질문이다. 이것은 배아 복제와 관련된 논쟁이 기술적 차원이 아닌 의료 윤리적 차원의 문제인 것과 같은 맥락이다. 왜냐하면 AI의 발전도 AI가 스스로 이루어 낸 것이 아닌 '인간' 노동의 산물이자 '인간' 의지의 재현이기 때문이다. 따라서 이 모든 논쟁과 예측은 사회적 합의의 문제로 귀결된다.

AI 도입의 기술적 가능성 여부를 떠나 사회적 합의가 필요한 영역은 인간의 안전을 다루는 분야일 테다. 가장 대표적 분야가 바로 교통 산업이다. 항공기 조종사, 대중교통 및 물류 운반 운전사의 경우 운행 관련하여 AI가 보조적 역할을 수행하는 것은 사고 예방 차원에서 필요할 수 있지만, 인간을 온전히 대체하는 것에는 상당한 주의가 요구된다. 한편, 이미 AI에 의한 자동화가 도입된 영역조차 여전히 사회적 합의가 필요하다. 대표적으로 복지 및 보험 심사와 관련된 작업이다. 일찍이 버지니아 유뱅크스(Virginia Eubanks)는 미국 인디애나주의 복지 수급 자격 판정 자동화가 부정확하고, 불공정한 자격 정지 판정 실태에 대해 폭로한 바 있다(Eubanks, 2018). 캐시 오닐(Cathy O'Neil) 역시 수학 모형을 기반으로 한 알고리즘이 "과거와 기존 패턴들이 반복될 것이라는 가정에 기반"하고 있어서 태생적으로 부정확한 예측을 할 수밖에 없으며, 나아가 신용 평가 점수와 같은 기준으로 효율적이지도 공정하지도 않은 차별적 평가 앞에 노출되어 있다고 비판한다(O'Neil, 2016).

한편, AI 도입에 맞춰 사회적 합의가 필요한 부분은 바로 새로운 기술과의 협업을 위한 적절한 학습 기회의 제공이다. AI는 급격한 산업의 전환을 예고하고 있으며, 이는 새로운 직업의 창출과 노동 방식의 급격한 변화를 초래할 것이다. 따라서 과거보다 더욱 신속한 인간 노동자의 적응이 필요하며, 충격을 최소화하기 위해 국가와 기업 차원의 학습 제공이 절실하다. 나아가 AI 도입에 적

합한 노동 현장의 적절한 전환 또한 필요하다. 무조건적인 도입, 보완 혹은 대체가 아니라 다양한 측면에서 전환의 시대에 대비하기 위해 사회적 합의가 요청된다. 즉, AI 시대 바람직한 미래를 대비하기 위해 '디지털 전환-학습 전환-일터 전환'이라는 삼박자가 필요하다(한국직업능력연구원, 2021).

참고문헌

강영안(2005). 《타인의 얼굴-레비나스의 철학》. 문학과지성사.

반가운 외(2021). "AI 시대, 미래의 노동자는 어떠한 역량이 필요할까?". https://webzine.mynewsletter.co.kr/newsletter/kcplaa/202203-4/4.pdf

송정은(2024). "감성 AI 확산에 따른 문화콘텐츠 산업 쟁점 및 발전 방안: 가상 K-Pop 아이돌 사례를 중심으로". 《GRI 연구논총》, 26, 55~76쪽.

이진현(2022). "우리는 '곧' 필요 없는 존재가 될 것인가?: 인공지능의 발전에 따른 인간 실존의 문제 고찰". 《신학과철학》, 42, 81~112쪽.

일하는시민연구소·유니온센터(2024). "인공지능(AI)이 노동에 미치는 영향1-AI 도입·활용 분야의 차이와 인식, 특징-". https://union-center.org/issue/?q=YToxOntzOjEyOiJrZXl3b3JkX3R5cGUiO3M6MzoiYWxsIjt9&bmode=view&idx=57903994&t=board

장수미 외(2022). "휴먼서비스 분야 비대면 상담프로그램의 체계적 문헌고찰". 《보건사회연구》, 42(1), 20~40쪽.

장승용(2024.7.31). "숏폼 중독, 무엇이 문제일까요?". 〈정신의학신문〉. https://www.psychiatricnews.net/news/articleView.html?idxno=34638

한국은행(2023.11.16). "[제2023-30호] AI와 노동시장 변화". https://www.bok.or.kr/portal/bbs/P0002353/view.do?nttId=10080538&menuNo=200433&pageIndex=1

Crawford, K.(2021). *Atlas of AI: Power, Politics, and the Planetary Costs of Artificial Intelligence.* Yale University Press. 노승영 옮김(2022). 《AI 지도책》. 소소의책.

Eubanks, V.(2018). *Automating inequality: How high-tech tools profile, police, and punish the poor.* St. Martin's Press. 김영선 옮김(2018). 《자동화된 불평등》. 북트리거.

Ford, M.(2022). *Rule of the Robots: How Artificial Intelligence Will Transform Everything.* Basic Books. 이윤진 옮김(2022). 《로봇의 지배》. 시크릿하우스.

Morgan, K.(2023.7.13). The jobs AI won't take yet. BBC. https://www.bbc.com/worklife/article/20230507-the-jobs-ai-wont-take-yet

O'Neil, C.(2016). *Weapons of math destruction: How big data increases inequality and threatens democracy.* Crown Publishing Group. 김정혜 옮김(2017). 《대량살상 수학무기》. 흐름출판.

Richardson, K. & Odlind, C.(eds.)(2023). *Man-made women: The sexual politics of sex dolls and sex robots.* Springer Nature.

03
AI 시대 노동 정책

AI는 인간을 자유롭게 할 것인가, 더 위태롭게 만들 것인가? AI 시대 노동의 변화와 파편화, 글로벌 노동 정책의 방향성, 한국의 정책 현주소를 중심으로 '탈노동'의 낙관을 넘어 기술 발전이 초래한 불안정성과 노동 착취의 양상, 그리고 이에 대한 사회적 책임의 필요성을 분석한다.

AI와 난임 극복?

AI 시대, 노동의 현주소

AI가 그려 줄 미래 노동의 모습은 유토피아에 가까울까 혹은 그 반대일까? 아론 바스타니(Aaron Bastani)는 AI가 지닌 자동화 능력이 종국에는 인간의 노동을 온전히 대체할 날이 올 것이며, 그로 인해 더 많은 자유 시간을 지닐 것이라 낙관적으로 전망했다(Bastani, 2019). 소위 모두가 화려한 '탈노동'의 미래를 맞이할 것으로 예측했다. 물론 정반대로 AI의 장밋빛 미래는 일종의 과장 광고이자 강매와 다름없다고 비판받기도 한다. 특히 노동자의 현실을 직시한 '자본주의 리얼리즘'의 관점에서 볼 땐 허무한 기대에 가깝다(Fisher, 2009). 실제로 코로나19(COVID-19) 팬데믹(pandemic) 시기 AI 자동화 및 플랫폼 노동이 초래한 국내 상황은 "노동의 대체 효과보다는 파편화되고 위태로운 노동을 대거 증식"이라 평가받는다(이광석, 2021).

AI 시대 노동의 미래는 플랫폼 노동을 중심으로 한 디지털 자본주의로 전환되면서 어떠한 변화가 발생했는지가 예비 답안이 될 것이다. 코로나19 팬데믹을 거치면서 비대면 경제가 활성화되고 각종 온라인 플랫폼을 통한 다양한 서비스가 급격히 성장했다. 이것은 단순히 특정한 일자리의 증가와 노동 및 고용 방식의 변화만을 의미하지 않는다. 새롭게 증가한 일자리, 특히 플랫폼 노동자의 경우 법적 · 제도적 보호를 충분히 받지 못한 채 낮은 고용 안정성, 높은 노동 강도에 노출되었다. 또한 빅데이터를 통한 알고리즘 관리 방식이 확산되면서 노동자들은 개인별 평가 속에서 상시 경쟁해야 하는 상황에 내몰렸다. 즉, 현실은 저임금 · 비정규 노동이 확산되는 등 노동 시장 내 불평등이 심화되는 방향으로 나아가고 있다(이광석, 2021).

그 결과 플랫폼 노동자는 더 빨리, 더 많은 업무를 수행하는 경쟁에 자연스럽게 흡수되고, 각종 사고에 노출된다. 2023년 고용노동부와 한국고용정보원의 '플랫폼 종사자 실태 조사'에 따르면 관련 종사자 규모가 전년 대비 11.1% 증가한 88만 3천 명으로 집계되었다. 이들은 계약에 없는 업무 요구(12.2%), 건강 · 안전의 위험 및 불안감(11.9%), 일방적 계약 변경(10.5%)과 같은 어려움을 호소했다(고용노동부, 2024.8.4). 또한, 2023년 산업 재해 통계에 의하면 노무 제공자 사망자가 전년 대비 20명 증가한 83명이었으며, 그중 퀵서비스 기사(38명), 화물차주(22명)가 가장 높은 비중을 차지한 직종으로 집계되었다고 한다(정성훈, 2024).

한편, 최근 AI 무한 경쟁 속에서 세계적인 빅테크 기업에서 일하는 AI 개발 엔지니어들은 번아웃(burnout, 소진 증후군)에 빠져 있다. 기술 경쟁력에 대한 압박으로 인해 지나치게 성급하게 AI 제품을 출시하라는 종용 때문이다. 관련 기사에 따르면, 사용자보다 '투자자의 마음'을 달래기 위해 과도한 업무에 시달리며, 제대로 된 교육이나 학습 시간 제공 없이 빠른 출시만을 강요하는 현실에 놓여 있다(Field, 2024). 또한, 개발 중인 AI 프로그램의 딥러닝 과정에서 발생하는 데이터 오류를 직접 검증하는 일명 '미세노동'에 제3세계 빈민들이 저임금으로 고용되고 있다. 실제로 케냐 노동자들은 챗GPT 개발 당시 폭력, 증오, 아동 학대 등과 같은 부적절한 단어를 분류하는 '수작업'을 했다. 노동자들은 시급 1.32~2달러의 저임금을 받았고, 지속적으로 혐오 표현들을 읽으면서 정신적 피해를 호소하기도 했다(금준경 · 박서연, 2023.7.22)

세계의 노동 정책 동향

그렇다면 AI 시대에 세계 각국의 나라들은 어떠한 정책을 세우고 있을까. 대체적인 경향은 크게 네 가지로 구분된다. 첫째, AI 도입 이후 노동 시장의 변화를 예측하는 연구, 둘째, AI 도입에 따른 안전 및 윤리적 문제에 대한 규정 설립, 셋째, AI 기술력 향상을 위한 투자, 넷째, AI 분야 전문 인력 양성 정책이다. 이 가운데 앞서 지적한 노동 시장 변화로 인한 충격을 직접적으로 완화하기 위한 제도는 정책 논의의 중심에 놓여 있지 않다. 오히려 중심에는 빠른 AI 성장과 전문 인력 양성을 위한 투자가 놓여 있으며, 이에 수반되는 안전 및 윤리 규제의 강도에는 국가 간 차이가 존재할 뿐이다. 특히, 국가별로 차이가 있지만 주요 국가들은 AI 인력 양성 정책을 포괄적인 첨단 과학기술 인재 양성 정책을 기반으로 투자 정책을 추진하고 있다. 유럽연합(European Union, EU)과 미국은 분산형, 중국은 정부 주도형 전략을 특징으로 하며, 구체적으로 미국은 AI 기반 기초 교육 중심, EU와 중국은 AI 전문 인재 육성 중심의 방향성이 관찰된다(송단비 외, 2024).

먼저 EU의 사례를 살펴보자. EU는 2024년 인공지능법(AI Act)을 제정하여 AI 기술의 윤리적 사용과 기본권 보호를 위한 규제 체계를 마련했다. 이 법은 AI 시스템을 위험 수준에 따라 '허용 불가능한 위험', '고위험', '제한적 위험', '최소 위험'으로 분류하고, 각 수준에 따라 규제 강도를 달리 적용한다. 특히 고위험 AI 시스템은 생체 인식, 중요 인프라, 교육, 필수 서비스 등 사회적으로 민감한 분야에 사용될 때 엄격한 규제를 받는다. 그렇지만 노동 정책과 관련해서는 노동 시장의 변화에 대한 분석을 기반으로 한 인력 양성 정책을 보완하는 데 집중되어 있다.

미국은 2023년 '안전하고 신뢰할 수 있는 AI를 위한 행정 명령'을 통해 AI 기술의 안전성, 보안성, 신뢰성을 강화하기 위한 정책을 발표했다. 또한, 국립표준기술연구소(National Institute of Standards and Technology, NIST) 내에 AI 안전 연구소를 신설하여 AI 위험 관리 프레임워크(framework)를 운영하고 있다. 노동 정책과 관련해서는 'AI와 자동화가 경제에 미치는 영향' 보고서를 작성하고 그에 따른 노동 수요 변화, 일자리의 질, 업무 역량을 진단하고, AI 활용을 위한 제도적 장치에 대한 사례 분석에 머물고 있다. 그에 비해 AI 기술 교육 및 훈련 프로그램(예, AI 기술자를 대상으로 경쟁력 있는 AI 인력을 위한 신속한 직업 훈련 방법 개발)에 더욱 치중하고 있다.

일본은 2019년 'AI 전략 2019'를 발표하여 AI 기술 발전에 따른 사회적 변화를 대비했다. 이 전략은 AI 인재 양성, 산업 경쟁력 강화, 사회적 수용성 제고 등을 목표로 하며, 특히 노동 시장에서의 AI 활용과 인간의 역할 변화에 대한 대응 방안을 모색했다. 특히 제조업, 건설,

물류, 정보 통신, 헬스 케어(health care) 분야에서 AI 활용을 촉진하는 지원 정책을 추진하고 있다. 나아가 AI 인재 육성 및 교육 강화를 위해 초등학교에서 프로그래밍 교육을 필수화하고, 중·고등 교육 과정에서 AI 기초 개념 및 실습을 포함한 커리큘럼을 도입했으며, 대학에서도 AI 관련 학과를 신설했다.

중국은 2017년 '차세대 인공지능 발전 계획'을 발표하여 2030년까지 세계 AI 분야의 선두 주자가 되는 것을 목표로 한다. 이 계획은 AI 기술 개발 촉진, 산업 혁신, 사회적 적용 확대 등을 포함하며, 노동 시장에서의 AI 활용과 이에 따른 노동 정책 변화를 적극적으로 추진하고 있다. 이를 위해 초중고 교육 과정에 AI 교육의 조기 도입을 추진하며, 베이징 시는 2025년 가을부터 모든 초중고에서 AI 교육을 의무화하기로 했다. 또한 AI 로봇 기술의 도입으로 인한 제조업 일자리 감소함에 따라 노동자 재교육과 전환 지원 프로그램을 운영하고 있다(예, 광둥성 등 제조업 지역).

한국의 노동 정책 현주소

한국의 경우, 2019년부터 'AI 국가 전략'을 발표하여 2030년까지 세계 최고 수준의 AI 경쟁력을 확보한다는 목표를 세웠다. 이를 위해 연구 배달 투자, 데이터 인프라 구축, AI 활용 촉진 등을 추진하고 있다. 2025년까지 국가 AI 컴퓨팅 센터에 10,000개의 고성능 그래픽 처리 장치를 확보해 AI 연구 개발 및 산업 활용을 지원한다는 계획이다. 또한, AI 윤리 및 규제 체계 마련을 위해 과학기술정보통신부를 중심으로 '인공지능 윤리 기준'을 수립하여 가이드라인을 제시했으며, 국회에서 관련된 법안들이 발의되고 있다.

또한 AI 전문 인력 양성 및 교육 강화를 위한 '전 국민 AI 일상화 실행 계획'을 세우고, 초중고에서 AI 교육을 강화하고자 한다. 대학에서도 AI 신설 학과를 설립하는 등 고급 인재 양성에 대해 지원하고 있다. 이와 함께 노동 시장의 변화에 대한 다양한 분석이 이루어지고 있으며, 노동법적 과제에 대한 분석까지 이어지고 있다. 그렇지만 아직까지 현장 노동자의 권익 보호를 위한 실질적인 정책은 제시되고 있지 않다.

한편, 고용노동부는 2024년 7월 "생성형 인공지능으로 노동 약자 보호에 나선다"라고 선언하며, '근로 감독관 AI 지원 시스템' 개발을 위한 협약을 체결했다(고용노동부, 2024.7.15). 이를 통해 근로 감독관이 신고 사건과 근로 감독을 더욱 신속하고 정확하게 처리할 수 있도록 지원할 계획이다. 이를 통해 시민들은 앞으로 24시간 노동법에 관해 질문하고, 개인화된 답변을 제공받을 수 있을 예정이다.

종합해 보면 한국의 AI 관련 노동 정책은 현재 AI 기술 발전과 경제적 활용을 촉진하는 방향에 초점을 맞추고 있으며, 노동 시장 변화에 대한 대응은 상대적으로 미흡한 상황이라 할 수 있다. 그렇지만 이러한 대처는 한국만의 독특한 현실은 아니며, 다른 주요 국가들과 크게 다르지 않다. 즉, AI 시대를 이미 도래한 미래로 여기며, 모두가 그 '선두'에 서고자 한다.

참고문헌

고용노동부(2024.7.15). "생성형 인공지능(AI)으로 노동약자 보호에 나선다". https://www.moel.go.kr/news/enews/report/enewsView.do?news_seq=16818

고용노동부(2024.8.4). "플랫폼종사자 88.3만명으로 전년 대비 11.1% 증가". https://moel.go.kr/news/enews/report/enewsView.do?news_seq=16906

금준경·박서연(2023.7.22). "[인공지능의 두 얼굴] 챗GPT 시대, 보이지 않은 '미세노동' 착취 당하고 있다". 《미디어오늘》. https://www.mediatoday.co.kr/news/articleView.html?idxno=311350

송단비 외(2024). 《산업별 인공지능 도입의 노동시장 영향과 정책과제》. 산업연구원.

이광석(2021). "코로나 19 국면 인공지능 자동화와 플랫폼 노동의 위상학". 《한국언론정보학보》, 109, 67~98쪽.

정성훈(2024.4.30). "지난해 특고·플랫폼 노동자 산재 사망자 급증...전속 요건 폐지 영향". 〈뉴스핌〉. https://www.newspim.com/news/view/20240430000439

Bastani, A.(2019). *Fully automated luxury communism: A manifesto*. Verso Books. 김민수·윤종은 옮김(2020). 《완전히 자동화된 화려한 공산주의》. 황소걸음.

Field, H.(2024.5.3). AI engineers report burnout and rushed rollouts as 'rat race' to stay competitive hits tech industry. CNBC. https://www.cnbc.com/2024/05/03/ai-engineers-face-burnout-as-rat-race-to-stay-competitive-hits-tech.html

Fisher, M.(2009). *Capitalist realism: Is there no alternative?*. Zero Books. 박진철 옮김(2018). 《자본주의 리얼리즘: 대안은 없는가》. 리시올.

04
AI 시대 노동자의 권익 보호

AI 시대의 노동 정책은 단순히 제도를 추가하는 데 그치지 않고, 기존 구조의 불평등과 착취를 근본적으로 성찰해야 한다. 기존 기술 발전의 한계, 노동 시장 변화 대응 전망, 직업 양극화 심화, 노동 규제와 기업 책임 강화를 통해 노동자 권익 보호를 위한 실질적 개입과 사회적 전환의 방향을 모색한다.

AI와 사주?

이미 겪어 온 기술 발전의 그림자

AI 시대 노동자의 권익을 보호한다는 것은 단순히 기존 노동 정책에 새로운 제도와 법을 추가하는 것을 의미하지 않는다. 이는 여전히 문제시되는 낮은 취업률, 비정규직 중심의 고용 불안정성, 높은 산업 재해 발생률 및 사망률 등을 함께 해결하는 걸 포괄한다. 특히, 헌법과 노동법이 보장하는 노동 삼권(단결권, 단체교섭권, 단체행동권)에 대한 실질적인 인정도 빠져서는 안 된다. 그렇지 않다면 AI라는 신기술이 재편할 노동의 미래에는 단순히 현재 직면하고 있는 노동의 문제가 악화되거나 전혀 다른 문제가 추가되는 수준이 아니라, 기존의 취약한 구조를 착취하고 악용함으로써 기형적인 AI 노동 구조가 탄생할지도 모른다. 최악의 경우 AI가 노동 착취와 차별의 첨병으로 활용될지 누가 알겠는가.

일찍이 과학사회학자 주디 와이즈먼(Judy Wajcman)은 첨단 기술 자체가 지닌 변화의 힘에 주목하기보다 그러한 "기술을 배태시킨 사회관계와 기술들이 이러한 사회관계들을 촉진하거나 제한하는 방식"에 집중해야 한다고 강조했다(Wajcman, 2004). 지금까지 한국의 노동자가 겪어 온 기술 발전의 부작용을 철저하게 성찰하지 않는다면 노동 현실은 더욱 취약해질지 모른다.

AI로 인한 노동 시장 변화 대응 전망

현재 AI 도입 이후 노동자의 권익 보호를 위한 노동 정책은 직접적인 일자리 감소와 직업의 변화가 가시화되기 전까지는 구체적인 대책을 기대하기는 어려워 보인다. AI 자동화로 인해 사라질 직업 및 변화할 노동 환경에 대한 연구가 진행 중인 상태다. 그렇지만 향후 관련된 대응 정책의 방향은 크게 세 가지로 맞춰져야 할 것이다.

첫째, 노동 수요 변화 예측을 기반으로 한 재교육 및 직업 전환 지원 프로그램의 확대다. 예를 들면 제조업, 서비스업 노동자를 대상으로 신기술 직무로 이직할 수 있도록 재교육을 지원하는 것이다.

둘째, AI 시대 노동 보호를 위한 법적 · 제도적 개선이다. 예를 들면 플랫폼 노동자 보호, 알고리즘 기반 노동 규제에 대한 안전망 구축이다.

셋째, 노동 시장 유연화 및 새로운 고용 형태에 대한 대응이다. 예를 들면 AI 프리랜서, 디지털 노마드(digital nomad)의 증가에 대비하여 새로운 권익 보호 제도의 도입이 필요하다.

유럽연합의 경우 AI 도입으로 인한 노동 시장 변화에 선제적으로 대응하는 경향이 있으며, 노동자의 권익 보호와 AI 윤리 가이드라인을 동시에 추진하고 있다. 특히 인간의 건강, 안전, 기본권 등에 중대한 위험을 초래할 수 있는 영역에서 도입을 절대적으로 금지하고 있다. 여기에는 개인의 사회 점수(social scoring)를 기반으로 개인 또는 집단을 평가하거나 분류하는 것이 포함된다. 또한 생체 인식 분류 시스템을 사용해서 인종, 정치적 의견, 노조 가입, 종교 신념을 추론하거나 유추하는 경우도 마찬가지다. 나아가 직장에서 노동자의 감정을 자동으로 인식하는 시스템 역시 금지한다(소프트웨어정책연구소, 2024). 이에 반해 한국은 AI 인력 양성 및 AI 기업 지원에 더 집중하고 있어 노동자 보호 정책이 상대적으로 미흡한 상태다.

AI 자동화로 인한 직업 양극화 심화와 대응 전망

AI 기술이 저숙련 노동 대체에 대한 불안감을 증폭시키고 고숙련 노동에 대한 수요 증가를 고조시키면서 노동시장의 양극화가 그 어느 때보다 우려되는 시기다. 한국은 특히 제조업 및 서비스업 중심의 경제 구조를 갖고 있어 AI 자동화가 빠르게 진행될 경우, 일자리 격차가 더욱 확대될 위험이 있다. 저숙련 육체노동 일자리가 상대적으로 대체 불가능할 것으로 예측되기도 하지만 오늘날 이러한 일자리가 이미 적절한 대우와 안정적 고용 상태를 기대하기 어렵다는 것을 고려할 때 앞으로 발생 가능한 일자리 격차에 대해 보다 적극적인 대응이 필요해 보인다. 따라서 향후 관련된 대응 정책의 방향은 다음과 같은 세 가지 방향에 맞춰서 진행되어야 할 것이다.

첫째, AI 활용형 일자리 창출 지원이다. 예를 들면 AI 기반 창업을 지원하고 신산업을 육성하여 새로운 일자리를 제공하는 것이다.

둘째, 사회 안정망 강화다. 예를 들면 기본 소득 논의, 고용 보험 확대, 실업 급여 개선이 있다.

셋째, 노동 시간 단축 및 유연 근무제 확대다. 예를 들면 AI와 협업하는 노동 모델을 연구하거나, 최근 언급되고 있는 주4일제 도입에 대한 논의다.

미국은 정규직과 비정규직 간의 차이가 적고, 노동 시장 유연화가 높은 편이다. 당연히 이러한 상황이 긍정적이라 할 수 없지만 미국 입장에서는 AI 시대 신속한 직업 전환에 유리한 구조이며, 기업 중심의 AI 교육 및 직업 전환의 가능성이 매우 높다. 그에 반해 한국은 정규직의 고용 안정성은 높은 반면, 비정규직은 상대적으로 보호가 부족하기 때문에 AI 도입 시 이 격차가 심화될 가능성이 적지 않다. 따라서 앞서 언급한 세 가지 정책 대응이 필수적이다. 일본의 사례를 살펴보면 '스마트 공장 도입 지원'을 통해 제조업 기반 AI 자동화를 추진하면서 노동자의 일자리 전환을 지원하고 있다. 또한 일본 AI 직업 전환 프로그램을 통해 중장년층 노동자를 대상으로 한 AI 기술 교육을 확대하고 있다. 일본 역시 아직 시행 초기 단계이기 때문에 이러한 대응책이 얼마나 실효성이 있는지 속단하기는 이르지만 정책 방향성에 대해서는 주목할 가치가 있다.

AI 노동 규제 및 기업 책임 확대

현재 한국은 AI 도입으로 인한 노동 환경 변화에 대한 법적 규제와 노동자 보호 정책이 충분하지 않다. 특히 플랫폼 노동, AI 감시 노동, 알고리즘 기반 고용 등 새로운 노동 형태가 증가함에 따라 AI 노동 규제 및 기업의 사회적 책임 강화가 향후 중요한 이슈가 될 것이다. 따라서 향후 관련된 대응 정책의 방향은 아래 제시한 세 가지 방향을 고려할 필요성이 있다.

첫째, AI가 노동자에게 미치는 영향을 평가하는 AI 노동영향평가제 도입이다.

둘째, AI 알고리즘의 공정성을 보장하기 위한 기업의 투명성 강화 및 책임 법제화다.

셋째, AI 자동화가 노동자에게 미치는 부정적 영향을 완화하기 위한 노동자 협의권 보장이다.

AI 노동영향평가제의 경우 EU가 'AI Act'를 통해 시행하는 조치가 좋은 예라 할 수 있다. EU는 AI 시스템이 노동자에게 미치는 영향을 사전에 평가하여 부정적 영향을 최소화하고, 노동자의 권익을 보호하기 위한 조치를 취한다. 또한, AI 알고리즘 활용에 대한 기업의 투명성 강화 및 책임 법제화의 경우도 EU는 알고리즘의 결정 과정에서 발생할 수 있는 편향과 차별을 방지하고 기업의 책임성을 강화하여 노동자를 보호하는 조치를 취하고 있다.

마지막으로 노동자의 협의권 보장은 한국에서 시급히 필요한 가장 중요한 대응책이라 할 수 있다. 이것은 EU의 사례가 좋은 예다. EU는 노동자가 AI 도입과 관련된 의사 결정 과정에 적극적으로 참여할 수 있도록 협의권을 보장하고 있고 그 구체적 방안은 다음과 같다.

첫째, 노동자 대표의 참여다. 기업은 AI 시스템을 도입하거나 변경할 때, 사전에 노동자 대표와 협의하여 노동자의 의견을 반영해야 한다.

둘째, 정보 제공 의무다. 기업은 AI 도입으로 인한 업무 변화, 안전 문제, 고용 영향 등에 대해 노동자에게 충분한 정보를 제공해야 한다.

셋째, AI 도입으로 인해 업무 내용이 변경되거나 새로운 기술이 요구되는 경우, 기업은 노동자에게 필요한 교육과 재훈련을 지원해야 한다.

이 세 가지 구체적 대응책은 한국에서 2023년 12월 AI 도입 이후 콜센터 상담사들에게 집단 해고를 통보했던 은행의 사례를 돌이켜 볼 때 매우 시급한 정책이며, EU의 AI 노동 보호 모델을 적극적으로 검토할 필요성이 있다.

참고문헌

김은경(2020). "기술혁명시대의 新노동자, 플랫폼 종사자". 《이슈&진단》, 407. 1~25쪽.

소프트웨어정책연구소(2021). "유럽(EU)의 인공지능 윤리 정책 현황과 시사점: 원칙에서 실천으로". https://spri.kr/posts/view/23174?code=data_all&study_type=issue_reports

소프트웨어정책연구소(2024). "유럽연합 인공지능법(EU AI ACT)의 주요내용 및 시사점". https://www.spri.kr/posts/view/23764?code=issue_reports&study_type=&board_type=issue_reports&flg=

장지연 외(2017). 《디지털 기술발전에 따른 새로운 일자리 유형과 정책적 대응》. 한국노동연구원.

한국법제연구원(2024). "AI에 의한 노동시장 변화 대응 입법연구".

https://www.klri.re.kr/kor/publication/2253/view.do
Wajcman, J.(2004). *TechnoFeminism*. Polity Press.
박진희·이현숙(2009). 《테크노페미니즘》. 궁리.

05
AI 시대 노동자의 건강

산업 혁명기 인간의 신체를 '기계'로 간주했던 노동 관리 방식은 AI 시대에도 여전히 유효하다. 기계화 이후 건강 문제의 연속성, AI 기반 신체 · 정신 질환의 변화, 노동 강도의 심화, 보건 정책의 과제 등을 통해 기술 변화 속에서 되묻는 '노동자의 건강'의 의미와 보호 방안을 모색한다.

AI와 아이돌?

기술 변화와 노동자 건강의 역사

산업 혁명 이후 노동과 기술은 불가분한 관계를 맺어 왔다. 기술이 발전함에 따라 노동 형태는 변화해 왔고, 노동자의 건강 또한 이러한 변화의 중심에 놓이게 되었다. 피로와 노동은 언제나 공존해 왔으며, 노동자의 신체는 지치지 않는 기계–즉, '휴먼 모터(Human Motor)'–로 상상되며 관리되어 왔다(Rabinbach, 1990). 19세기 산업사회에서 노동자의 몸은 생산성을 극대화하기 위한 기계의 부속으로 간주되었고, 근골격계 질환이나 산업 재해와 같은 신체 건강 문제는 기술 개선을 통해 점진적으로 완화되기도 했다. 그러나 이러한 과정에서 정신건강은 노동 관리의 주요 관점에서 자주 배제되어 왔다.

AI 시대가 도래한 지금, 노동자의 건강은 다시금 변화의 갈림길에 서 있다. 자동화와 알고리즘 기반의 작업 관리는 노동자의 피로를 줄이는 듯 보이지만, 새로운 형태의 노동 강도 증가와 정신적 부담을 초래하고 있다. 노동의 효율성과 최적화를 강조하는 AI 시스템은 노동자의 신체뿐만 아니라 감정과 정신까지 측정하고 평가할 것으로 예측되며(옥유선 · 조우현, 2021), 실제로 AI 도입으로 인해 노동자의 직무 스트레스가 증가하였다는 보고도 있다(알파베타, 2019).

AI 시대의 노동자 건강 문제는 과거와 단절된 것이 아니라 기술 발전 속에서 반복적으로 나타나는 노동 피로와 관리 방식의 연장선에 있다. 그러나 이제는 단순한 기계적 효율성을 넘어, 노동자의 정신건강과 감정노동까지 포괄하는 새로운 건강 보호 대책이 필요하다. 기술 발전이 노동자를 보호하는가, 혹은 더 큰 피로를 초래하는가? AI 시대의 노동자 건강을 논의하는 데 이 질문은 핵심이 될 것이다.

신체적 건강과 직업병 변화

AI와 로봇이 인간의 물리적인 노동을 대체할 경우 전통적인 직업병이라 할 수 있는 근골격계 질환은 감소할 가능성이 있다. 반면에 새로운 유형의 신체적 문제가 발생할 수 있다. 예를 들면 AI와 협업하는 노동자는 장시간 모니터링 및 데이터 입력 업무로 인해 시각의 피로, 손목터널증후군 등이 증가할 가능성이 있다. 물론 이러한 증상들은 적절한 휴식 시간 보장을 통해 예방될 수 있다.

그렇지만 AI가 노동자의 업무를 관리하는 시스템으로 활용될 경우 신체적 건강에 미치는 영향은 절대로 가볍지 않다. 특히, 물류 · 제조업 분야에서 AI 기반 작업량 최적화 시스템이 도입됨에 따라 노동자의 작업 속도와 업무 강도가 증가할 가능성이 매우 높다. 대표적 예로 아마존(Amazon) 물류 센터에서 AI 기반 업무 할당 시스템이 노동자에게 휴식 시간을 최소화하는 방식으로 작동하여 과로를 초래하고, 나아가 그 실태를 종합하여 AI가 해고를 결정한다(곽노필, 2024.6.29). 최근 반복되는 국내 물류 센터 노동자들의 연이은 과로사를 돌이켜 볼 때 이러한 문제에 대한 적극적 대응은 매우 시급한 상황이다(김해정, 2024.7.17).

한편, 정반대로 AI 자동화로 인해 노동자의 신체 활동 감소가 문제가 될 수도 있다. 즉, 단순 반복 작업이 줄어들면서 오히려 장시간 앉아서 일하는 노동자가 증가할 가능성이 있다. 장시간 좌식 노동의 증가는 비만, 심혈관 질환, 당뇨병 등의 만성 질환 위험이 커질 수 있다. 장시간 노동이 과로사의 가장 중요한 요소라는 보고와 함께 장시간 의자에 앉아서 근무할 경우 만성 질환 위험이 커진다고 알려져 있다. 특히, 하루 8~10시간을 넘어 앉아 있는 시간이 11시간을 초과하면 건강 위험이 더욱 높아진다(이종균, 2024.9.18). AI 자동화로 육체적 노동량이 줄어들지 모르지만 이 경우 적절한 노동 시간과 휴식 시간이 보장되지 않는다면 의도치 않은 만성 질환을 초래할 수 있다.

정신건강과 감정노동 변화

AI의 도입은 현재 인간과 협업하는 방식으로 이루어진다. 이로 인해 AI가 업무의 일부를 보조함으로써 노동 여건이 향상된 측면도 있지만, 최종 의사 결정은 인간이 내려야 하는 경우가 많고 이것은 정서적 부담으로 이어질 수 있다. 즉, 단순한 반복 업무는 AI가 처리하고 인간 노동자는 복잡한 의사 결정 업무에만 과중하게 노출될 수 있다. 2025년 매사추세츠공과대학교(Massachusetts Institute of Technology)에서 열린 'Shaping the Future of Work' 컨퍼런스에서 전문가들은 "만약 쉬운 사례들은 챗봇이 처리하고, 인간 노동자들은 복잡하고 부담이 큰 사례만 맡게 된다면 이는 심각한 번아웃으로 이어질 가능성이 크다"고 강조했다(지혁민, 2025.3.11). 예를 들면 의료, 법률, 금융 등의 분야에서는 AI의 추천을 바탕으로 의사 결정을 내릴 때 결과에 대한 책임(필요 시 법적 책임까지)은 여전히 인간이 부담해야 한다. 이러한 책임의 불균형이 스트레스와 정신적 부담을 증가시킬 수 있다. 실제로 마이크로소프트가 주도하여 실행한 아시아 지역 노동자 직무 스트레스 연구에서 AI를 도입한 기업의 직원은 직무 스트레스가 55% 증가한 반면, AI를 도입하지 않은 기업의 직원은 30%가 증가한 것으로 나타났다(알파베타, 2019).

한편, AI 기반 감시 및 평가 시스템, 예를 들면 업무 성과 분석 AI 및 감정 분석 AI의 확산은 노동자의 개인 정보 보호 문제와 함께 감시에 따른 스트레스 증가를 초래할 가능성이 있다. 2024년 7월 어느 미국 기업이 미국, 영국, 호주, 캐나다 거주 노동자 2,500명 대상으로 실시한 조사에 따르면 AI 도입이 된 이후 사무직 노동자의 77%가 'AI가 업무량을 증가시켰다'고 응답했으며, 71%가 현재 번아웃을 겪고 있다고 답변했다. 그 결과 노동자 중 33%가 과도한 업무 스트레스로 6개월 이내 이직할 수 있다고 답했다(조이환, 2024.7.30). 현재 국내 콜센터에서는 AI가 상담원의 목소리 톤, 감정 상태, 적절한 호응어 사용, 정확한 내용 전달 등을 상시적으로 분석하여 평가하는 시스템이 확산되고 있는데, 이 경우 노동자가 감정 표현을 제한받고 스트레스를 경험할 가능성이 크다. 최근 물류 센터를 시작으로 하여 이러한 감시 및 평가 시스템이 보편화되고 있지만, 기업의 이윤 창출을 위한 효율성에만 초점이 맞춰지고 있으며 노동자의 정신건강을 보호하는 차원의 조치는 매우 부족한 실정이다.

나아가 앞으로 AI 도입으로 자동화가 보다 확산될 경우 다수의 노동자가 원격 근무 및 비대면 업무를 시행할 가능성이 커질 것으로 예상된다. 이것은 노동자의 사회적 연결 부족과 고립감 증가로 이어질 수 있고, 장기적으로 우울증과 불안 장애 증가로 나아갈 수 있다. 실제로 2021년 유럽 산업안전보건청은 디지털 플랫폼 노동이 확산되면서 원격 근무와 비대면 업무가 늘어났고, 그 결과 사회적 고립감이 노동자의 정신건강에 부정적 영향을 미칠 수 있다고 보고했다(산업안전보건연구원, 2021).

노동 시간과 업무 강도의 변화

AI 도입은 일부 직무에서 자동화를 통해 노동 시간을 단축할 수 있는 가능성을 제공한다. 그러나 실제 현실에서는 AI의 업무 최적화 기능이 노동자의 생산성을 극대화하는 방향으로 작동할 경우, 오히려 실질적인 노동 강도는 증가할 수 있다. 이러한 경향은 앞서 언급한 조사 결과—사무직 노동자의 77%가 업무량 증가를, 71%가 번아웃을 호소했다는 통계—에서 이미 현실화되고 있다. 특히 가장 취약한 노동 현장은 플랫폼 노동(예, 배달, 물류) 분야로 AI 알고리즘의 작업 배정 방식으로 인해 노동자가 충분한 휴식을 취하지 못한 채 연속적으로 업무를 수행하는 사례가 확산될 우려가 있다. 또한, AI가 실시간으로 노동자의 업무 수행을 평가하는 환경에서는 과도한 경쟁과 압박 속에서 노동자가 심리적 부담을 겪을 가능성도 크다. 예컨대, 배달 플랫폼에서는 AI가 배달 속도를 기준으로 라이더의 업무 배정을 결정하는데, 이는 빠른 배달을 위해 노동자가 안전을 희생하는 상황을 초래할 수 있다(이광석 외, 2023).

노동자 건강 보호를 위한 정책적 대응 필요성

앞선 모든 상황을 고려할 때 노동자의 건강권 보장을 위한 추가적인 법적 보호 장치를 마련하는 게 필요하다. 가장 먼저 AI 도입으로 인한 노동 강도 증가, 감시 강화 등에 대한 법적 규제에 대한 검토가 요구된다. EU의 경우 '인공지능법'에서는 AI 시스템이 노동자의 권리를 침해하지 않도록 하는 규정을 포함하고 있지만 아직 국내에서는 이와 같은 조치가 전혀 이루어지지 않다. 다음으로 AI 시대에 적합한 건강 보호 프로그램을 준비해야 한다. 즉, AI 도입으로 인한 새로운 직업병 예방 및 정신건강 지원 프로그램을 확대해야 한다.

AI 시대 노동자 건강 보호를 위한 프로그램은 기본적으로 AI 기반 업무 자동화, 원격 근무 증가, 감시 시스템 확산 등으로 인해 노동자가 경험하는 스트레스, 불안, 고립감 등의 정신건강 문제를 예방 및 관리할 수 있어야 한다. 이를 위한 다음과 같은 사항을 고려해 볼 수 있다.

첫째, AI를 활용한 정신건강 모니터링 시스템의 도입이다. AI 챗봇을 통해 실시간으로 직원의 감정 상태를 평가하고, 익명성이 보장된 플랫폼을 통해 상담을 지원한다.

둘째, 원격 근무 및 디지털 업무 환경 개선이다. 원격 근무자가 장시간 단절되지 않도록 온라인 팀의 유대를 강화하는 활동을 지원하고, AI 기반 업무 관리 시스템이 비현실적인 업무를 요구하지 않도록 가이드라인을 마련한다.

셋째, 노동자의 정신건강 보호를 위한 법적 장치 강화다. AI 감시 시스템이 노동자의 정신건강을 해치지 않도록 기업에 투명성 및 윤리적 기준 준수를 요구한다. 또한 노동자가 AI 기반 업무 평가 시스템에 이의를 제기할 수 있는 법적 보호 장치도 마련한다.

독일 정부는 2017년 1월 '노동 4.0 백서'를 출간하면서 디지털화로 인한 노동 환경 변화에 대비하였다. 여기서 주목할 부분은 노동자의 '건강'을 단순히 병에 걸리지 않은 상태로 보지 않았다는 사실이다. 백서에는 노동에 있어 '건강'이란 "해당 노동이 그에 종사하는 노동자에게

합당해야 하며, 한 개인의 역량과 잠재력을 충분히 발휘하여 육체적 · 심리적 · 사회적 차원에서 만족스러운 상태에 도달한 것"이라 정의한다(태재미래전략연구원, 2017). 이처럼 AI 시대 노동자의 건강 보호는 보다 폭넓은 관점에서 접근하고, 종합적 대책을 마련해야 할 것이다. 이때 가장 중요한 것은 노동자가 이 모든 정책 결정 과정에서 의견을 제시할 수 있도록 제도적 장치를 마련하는 것이다.

참고문헌

곽노필(2024.6.29). "직원 해고를 결정하는 인공지능". 《한겨레》.
https://www.hani.co.kr/arti/science/future/891764.html

김해정(2024.7.17). "쿠팡 27살 직원 과로사…"골프 쳐도 그만큼 걸어" 이게 할 소린가". 《한겨레》.
https://www.hani.co.kr/arti/society/labor/1149238.html

산업안전보건연구원(2021). "디지털 플랫폼 노동 및 산업 안전보건: 검토".
https://oshri.kosha.or.kr/kosha/data/Global_OSH_Solition.do?mode=download&articleNo=427372&attachNo=241470

알파베타(2019). "AI를 위한 준비: 인공지능이 아시아의 일자리와 역량에 갖는 의미".
https://news.microsoft.com/wp-content/uploads/prod/sites/71/2020/03/AI-WhitePaper_kor.pdf

옥유선·조우현(2021). "감정노동자를 위한 딥러닝 기반의 스트레스

감지시스템의 설계". 《한국정보통신학회 종합학술대회 논문집》. 25(2), 613~617쪽.

이광석 외(2023). 《인공지능, 플랫폼, 노동의 미래》. 빨간소금.

이종균(2024.9.18). "55시간 노동, '과로사' 74만명...40시간 근무제도 '빨간불'". 〈헬스인뉴스〉. https://www.healthinnews.co.kr/view.php?ud=202409132346006047d8d7a7031b_48

조이환(2024.7.30). "근로자 10명 중 8명 "AI가 업무량 증가시켜"". 〈ZDNET Korea〉. https://zdnet.co.kr/view/?no=20240730082132

지혁민(2025.3.11). ""AI가 일터를 뒤흔든다"...일자리, 공정성, 정책까지 '5대 쟁점'부상". 〈넷제로뉴스〉. https://www.netzeronews.kr/news/articleView.html?idxno=2217

태재미래전략연구원(2017). "독일 노동 4.0 백서". https://www.taejaefci.org/posts/150

Rabinbach, A.(1990). *The human motor: Energy, fatigue, and the origins of modernity*. University of California Press.

06
AI 개발과 노동자의 역할: 콜센터

AI가 가장 먼저 인간 노동을 대체한 현장은 콜센터였다. 이 산업에서 AI가 도입된 이후 상담사에게 요구된 새로운 '기술도덕 덕목', 교육 과정에서 수행된 '미세노동', 그리고 이를 둘러싼 윤리적 딜레마를 조명하며, AI 도입 과정의 비가시적 노동을 성찰한다.

AI와 야구?

콜센터, 가장 먼저 도래한 미래의 노동 현장

AI가 한국에서 처음으로 투입된 노동 현장은 어디일까? 기존에도 AI는 자동화 로봇이나 빅데이터 분석, 알고리즘 구축, 챗봇 등 다양한 영역에 활용되어 왔다. 그렇지만 실제 '인간' 노동자의 역할을 학습시키고, 이를 대체하려는 시도를 본격적으로 한 대표적인 분야는 콜센터 산업이다. 실제로 2017년부터 은행 소속 콜센터에서는 AI 상담사 개발을 위한 양질의 학습 데이터를 축적하기 시작했다. 따라서 콜센터 산업은 AI가 도입된 이후 노동 환경 및 노동자의 역할에 어떠한 변화가 발생했는지 검토하는 데 우수한 현장이라 할 수 있다.

AI 시대 노동의 미래를 들여다보기 위해 콜센터 사례에 주목하는 이유는 그것이 지닌 모순된 특성 때문이다. 콜센터 분야는 디지털 자본주의 시대에 승승장구하며 발전하고 있지만, 산업의 주된 종사자인 상담사는 갈수록 위태로운 노동 환경에 놓이고 있다. 실제로 콜센터 산업은 2010년 전후로 지속적으로 성장해 왔고, 정보 서비스업의 매출액을 살펴보더라도 2019년 기준 22조 6천억 원으로 10년간 무려 2.4배나 증가했다. 관련된 사업체 수도 2019년 3031개로 10년 동안 2.6배나 증가했다. 또한 2020년 코로나19 팬데믹으로 비대면 서비스의 수요가 급증하면서 콜센터 상담 노동은 이제 필수 노동으로까지 중요성을 인정받고 있다(조돈문 외, 2022).

하지만 콜센터 노동자는 불안정한 고용 상태, 고강도 · 저임금으로부터 완전히 벗어나지 못하고 있다. 심지어 화장실 가는 시간마저 엄격히 통제하는 곳도 적지 않다(김관욱, 2018). 설상가상으로 콜센터 상담사는 AI 도입 이후 소멸될 직업으로 꾸준히 손꼽혀 왔고, 그 불안감 또한 사그라지지 않았다. 2013년 미국의 702개 직업 중 텔레마케터는 컴퓨터 전산화로 인해 10년 혹은 20년 이내에 첫 번째로 소멸될 직업(99% 확률로!)으로 손꼽혔다(송성수, 2022). 이러한 상담사의 현실은 AI의 본격적 도입 이후 더욱 악화되었고, 이것이 외부로 알려진 시점은 2023년 9월 국정 감사였다. 당시 은행, 보험사 콜센터 상담사들에 대한 자료가 공개되면서 처음으로 상담사들이 AI 상담사를 교육시키기 위해 어떤 일을 수행하고 있는지 알려졌다(김현주, 2024.6.14).

AI 시대, 노동자에 요구되는 기술도덕 덕목

첨단 기술의 출현은 노동자에게 단순히 새로운 기술력을 습득하고 적응하는 것을 넘어 또 다른 차원의 '기술도덕 덕목'(techno-moral virtue)을 요구한다. 영국의 기술

철학자이자 윤리학자인 섀넌 밸러(Shannon Vallor)는 이러한 덕목으로 '정직함, 절제, 겸손, 정의, 용기, 공감, 돌봄, 유연성, 지혜' 등을 예로 든다(Vallor, 2016). 하지만 밸러는 이러한 덕목의 필요성을 강조하기보다 최첨단 기술의 노동 개입으로 인해 오히려 도덕적 기술의 약화, 일명 '도덕적 탈기술화'가 발생할지 모른다고 우려한다(Vallor, 2015). 즉, 챗봇과 AI 상담사가 인간 상담사가 해야 할 어려운 감정노동을 대체할수록 인간 상담사의 친절한 공감 능력은 점차 덜 필요해짐에 따라 감소한다는 뜻이다.

그렇지만 밸러의 지적은 그렇게 간단치 않다. 그녀는 근본적으로 인간이 첨단 기술에 자신의 도덕성을 어디까지 넘겨줄 것인가에 대한 도덕적 난제를 제기한다. 나아가 이러한 도덕적 탈기술화 정도는 노동자 사이에서 차이 날 수밖에 없으며, 불평등으로 인해 누군가에는 기술도덕적 덕목이 더욱 강요될 수도 있음을 경고한다. 더욱이 AI와 같은 첨단 기술이 대체하지 못하는 노동 영역에서는 그러한 덕목의 요구도가 상대적으로 점차 강화될 수 있다. 그녀는 AI의 출현이 인간을 이러한 윤리적 난제의 극한 상황으로 몰아넣고 있으며, AI가 인류애를 비추고 시험하는 도덕적 '거울'(AI mirror)로 작용하고 있다고 주장한다(Vallor, 2024).

AI 교육을 위한 상담사의 미세노동

그렇다면 실제로 콜센터 상담사에게 AI는 어떠한 기술 도덕적 덕목을 요구하게 되었을까? 그것은 바로 AI에게 한글을 교육하는 것이다. 즉, 고객/시민의 목소리를 완벽하게 이해할 수 있도록 양질의 학습용 데이터를 축적하는 일부터 시작했다. 실제로 한 언론사와의 인터뷰에서 상담사는 2017년부터 "토씨 하나 안 틀리게 받아 쳐라"는 지시를 받았다고 전한다(박지영, 2024.6.4). 그녀는 당시 매일 근무가 끝나고 한 시간씩 고객과의 상담 내용 녹취 파일을 들으며 받아쓰는 작업을 수행했다고 한다. 그렇게 별도의 추가 수당 없이 5개월 정도 해당 잔업을 수행한 결과, 콜 서비스에 챗봇이 도입되었다고 한다.

이 사례는 AI 도입 초기 상황을 잘 보여 준다. 콜센터 분야에서 AI 도입은 고객 음성을 인식한 후 문자로 변환시키는 작업으로부터 시작한다. 이후 이것을 활용한 챗봇(텍스트 질문에 대한 문자 상담)과 지원봇(음성을 실시간 문자로 변환하여 보여 주는 보조 프로그램)이 등장하고, 이후 음성 AI 상담사가 출현한다. 이 과정에서 상담사는 앞서 언급한 것처럼 고객과의 상담 내용을 문서

화하는 기초적 작업에 투입된다.

2018년만 해도 음성 인식 프로그램은 '은행', '입금' 등과 같은 기초적인 단어조차 오류를 범했다. 상담사는 업무 중 시간을 내서 이러한 오류들을 일일이 검토하고 변경하는 수작업을 해야만 했다. 정말로 상담사들이 말 그대로 AI를 '키운' 셈이다(김관욱, 2024). 상담사의 AI '양육' 업무는 여기서 끝나지 않는다. 2019년부터 이러한 과정을 통해 만들어진 '지원봇'을 실제로 사용해 보고, 그 과정에서 발생하는 오류를 수작업으로 교정해서 일일이 업로드해야 했다. 이처럼 상담사가 직접 AI의 훈련 과정에서 발생하는 아주 작은 오류들까지 포착하고 수정해 가는 작업을 '미세노동'이라 부른다. 즉, AI는 개발자에 의해 완성품 상태로 제공되는 것이 아니라 이처럼 인간 노동자의 미세노동이라는 또 다른 추가 업무를 필요로 한다.

AI 교육이 제기한 기술도덕적 난제들

앞서 소개한 은행 서비스 콜센터 분야에서 AI 지원봇을 위한 상담사의 수작업은 2022년까지 이어졌다. 그 과정에서 상담사들은 두 가지 커다란 기술도덕적 난제 앞에 놓이게 되었다.

첫째, AI 교육을 위한 미세노동의 강요와 임금 인센티브 연동이었다. 처음 AI를 위한 미세노동이 요구되었을 때만 해도 그것의 목적조차 제대로 안내받지 못했고, 기존 업무 시간 외에 추가 수당 없이 시행해야 했다. 따라서 그 같은 추가 업무를 상담사의 필수적 '덕목'으로 받아들이기에는 한계가 있었다. 그런데 AI 학습을 위한 데이터의 규모가 커지고, 성능이 고도화되면서 상담사에게 추가 업무에 대한 요구가 커지기 시작했고, 콜센터 기업 측은 적극적으로 임금 인센티브와 관련된 평가 항목에 '미세노동'의 성실함 정도를 반영하기 시작했다. 일례로 한 은행 콜센터는 지원봇 사용률을 개인별 월말 평가 점수 100점 중 30점을 배정하여 월급에 반영했다. 이것은 매우 큰 배점이었고, 상담사들은 AI 학습을 위한 작업을 소홀히 할 수 없었다.

위 문제는 새로운 기술의 도입에 대한 추가 노동을 얼마나 성실하게 자발적으로 받아들이느냐 하는 문제일 수 있다. 하지만 이것은 이어서 두 번째 난제 앞에 놓이게 만든다. 그것은 임금을 위해 수용할 수밖에 없었던 이와 같은 반강제적 미세노동이 궁극적으로 자신들의 노동을 위협하고, 대체할지 모르는 AI 상담사를 완성시키는 결과로 이어진다는 점이다. 아래의 증언은 이 같은 딜레마를 잘 드러내 준다(김관욱, 2024).

> "STT/TA는 우리와 고객의 대화 내용을 텍스트화하고 데이터화하여 AI를 발전시키는 기술입니다. 결국 우리의 일자리를 빼앗을 시스템임에도 불구하고 사용을 많이 하라고 강요합니다. 많이 사용을 하면 가점을 주겠다고 말입니다. 점수에 모든 걸 걸어야 하는 상담사들의 말도 안 되는 운명입니다."

콜센터에서 사용하는 STT/TA는 'Speech To Text'(음성 인식 기술)와 'Text Analysis'(텍스트 분석)를 뜻하는 약자로서 상담사에겐 또 하나의 업무를 뜻하는 지시 사항이다. 상담을 진행하면서 STT/TA 내용을 확인하고 일일이 저장 버튼까지 누르는 작업은 그리 쉬운 일이 아니다. 그런데 그 일이 자신의 미래 고용을 위협할 수 있다는 사실은 더 큰 부담이 될 수 있을 것이다.

이러한 진퇴양난 상황에서 노동자는 어떠한 기술도덕적 덕목을 지녀야 할 것인가. 정직하고 겸손하며 유연함을 지닌 채 성실하게 AI 교육을 도우면 될 것인가? 하지만 이러한 덕목을 논하기에 앞서 한국의 노동 현장은 중요한 전제 조건부터 결여되어 있다. 앞서 3, 4장에서 지적했듯이 AI 관련 노동 정책에서 가장 중요한 것은 새로운 기술의 도입을 투명하게 알리고, 이에 대한 대응책 마련에 노동자가 직접 참여할 수 있게 하는 것이다. 앞선 사례 속 상담사들은 이러한 안전망이 제대로 구축되지 않은 채 추가적인 미세노동을 수행해야 했다. 나아가 상담사가 오랜 경력 끝에 습득한 전문적 상담 기술에 대해 어떠한 지적재산권도 보장받지 못한 상황이었다. 첨단 기술 도입 시 필요한 기술도덕적 덕목은 이렇듯 노동자뿐만 아니라 기술을 도입하려 시도하는 기업 역시 반드시 갖춰야 하는 필수 조건이다.

참고문헌

김관욱(2018). "미소 띤 ARS': 메를로퐁티의 몸 현상학으로 본 콜센터 여성 상담사의 감정 '이상의' 노동". 《한국문화인류학》, 51(1), 51~95쪽.

김관욱(2024). "도덕의 상품화: AI 도입 이후 콜센터 감정노동의 지형변화". 《한국문화인류학》, 57(3), 3~46쪽.

김현주(2024.6.14). "콜센터 메카에서 'AI발 위기'". 《매일노동뉴스》.

박지영(2024.6.4). "콜센터 상담원 "나 대신할 AI, 회사가 나한테 훈련시키라고..."". 《한겨레》.

송성수(2022). "인공지능은 인간의 일자리를 얼마나 대체할 것인가: 인공지능 시대의 기술과 노동에 관한 시론". 《코기토》, 96, 7~37쪽.

조돈문 외(2022). 《오줌인형잡기: 콜센터 노동실태와 정책대안》. 매일노동뉴스.

Vallor, S.(2015). Moral deskilling and upskilling in a new machine age: Reflections on the ambiguous future of character. *Philosophy & Technology, 28*, pp.107~124.

Vallor, S.(2016). *Technology and the virtues: A philosophical guide to a future worth wanting*. Oxford University Press.

Vallor, S.(2024). *The AI Mirror: How to Reclaim Our Humanity in an Age of Machine Thinking*. Oxford University Press.

07
AI 도입 이후 노동의 양적·질적 변화: 콜센터

AI 상담사 도입 이후, 콜센터 상담사는 고객 앞에 '사람입니다'라며 존재를 증명해야 했다. 이 장에서는 AI가 만든 '불완전한 자동화' 속에서 인간 상담사가 감당해야 하는 사과, 감정노동, 평가 압박 등 새롭게 가중된 기술 수행과 노동의 윤리적 딜레마를 추적한다.

AI와 윤동주?

AI예요? 사람이에요?

"사람입니다, 고객님!"

언제부턴가 시민들은 고객 센터와 통화할 때 'AI 상담사입니다'라는 음성을 듣기 시작했다. 챗봇의 등장 이후 이러한 음성 안내가 시작된 건 2023년 즈음이었다. 바로 이때부터 상담사들은 고객으로부터 자주 "AI예요? 사람이에요?"와 같은 질문을 경험하게 되었다. 연구 과정에서 만난 상담사들은 그때마다 "사람입니다, 고객님"이라는 답변을 반복했다(박지영, 2024). 필자는 2022년 초에 '콜센터의 인류학'이라는 부제를 단 책 《사람입니다, 고객님》을 출간했다(김관욱, 2022). 책의 제목을 이렇게 정한 이유는 2010년 초반 연구를 시작할 당시 콜센터 업체들이 상담사에게 '사랑합니다, 고객님'을 요구했던 현실을 패러디하기 위함이었다. 그런데 아이러니하게도 이후 2년도 채 지나지 않자 상담사는 이제 '사랑합니다, 고객님' 대신에 '사람입니다, 고객님'이라고 응답하게 된 것이다. 정말로 상담사도 고객도 이제는 일상에서 AI를 의식하지 않고 살아가는 것이 불가능한 시대로 접어들었다.

AI 상담사를 대신해 사과하다

상담사가 경험한 AI 상담사 도입의 현실은 기대와는 사뭇 달랐다. 한 은행 하청 콜센터의 경우 AI 상담사가 아웃바운드 상담(콜센터 상담사가 고객에게 전화를 거는 형태)을 주로 맡게 되었다. 해당 업체에서는 2022년 초부터 아웃바운드 콜의 60%를 AI 상담사로 대체했지만 1년이 지나자 이 대체 수치는 절반인 30%로 축소되었다. 그 이유는 예상 밖으로 AI 상담사의 능력이 인간만큼 효과적이지 않았을 뿐만 아니라 오히려 고객 불만을 키워서 민원만 증가시켰기 때문이었다. 또 다른 은행 하청 콜센터 경우도 2022년부터 콜센터에서 인바운드 상담(고객이 콜센터로 전화를 거는 형태)의 40%를 AI 상담사가 받기 시작했다. 그 직후 인간 상담사의 오전 업무량이 한두 달가량 감소하는 듯하다가 다시 예전으로 돌아왔다. 이유는 앞서 소개한 것과 동일했다. 바로 고객 불만이 AI 상담사 도입으로 인해 커졌다는 것이다.

이러한 문제는 예견된 것일 수 있었다. AI 상담사 도입은 기본적으로 고객들의 상담 대기 시간을 최대한 줄이고, 빠르고 친절한 상담을 제공하기 위함이었다. 그런데 그 결과 이전에 없던 새로운 문제가 발생하기 시작했다. 그것은 인간 상담사가 응대하기 전에 고객들이 보통

서너 번의 AI 상담을 거치게 된다는 사실이었다. 현장 연구로 확인한 결과, 고객이 전화하면 그때마다 일차적으로 AI 상담사가 연결되고, 이때 제대로 상담을 받지 못한 고객이 연이어 상담을 반복하고 최종적으로 인간 상담사와 연결되는 상황이었다. 그 결과는 아래의 상담사 진술 내용과 같다(김현주, 2024).

> "고객들은 AI와 챗봇을 돌고 돌고 돌아, 지치고 짜증과 화가 머리끝까지 차오를 때쯤 결국 상담사에게 연결된다. 문제해결 능력과 상관없이 상담사들은 'AI를 대신한 사과와 속죄'로 상담을 시작한다… 콜센터의 열악한 근무 환경, 상담사들의 감정노동 피해, AI 도입을 명분으로 한 자연 퇴사 인력 미충원, 그리고 당연하게 이어지는 노동 강도 증가, 그야말로 악순환이다."

이처럼 상담사들은 기업이 그토록 홍보하던 AI 상담사로 인해서 이전에는 듣지 않아도 될 고객 불만("나는 상담사 연결 버튼을 눌렀는데 왜 AI가 연결되느냐? 난 이런 컴플레인을 말하는 것조차 싫다")을 들어야만 했다. 정보기술학자인 에크비아와 나르디는 자동화란 인간 없이는 온전히 완수되지 않는 것이기에 '헤테로메이션'(즉, 불완전한 자동화)일 수밖에 없다고 강조한다 (Ekbia & Nardi, 2017). 상담사가 처한 현실이 단적인 예라 할 수 있다. AI 상담사는 인간 상담사의 추가 노동 없이는 스스로 완벽할 수 없는 불완전한 자동화였다.

쉬어 가는 콜이 없어졌다

AI 상담사 도입으로 인간 상담사가 처한 또 다른 큰 노동 변화는 바로 '쉬어 가는 콜'이 없어졌다는 사실이다. AI로 자동화된 상담이 도입되면, 오히려 인간의 노동의 양적인 수준은 감소될 것으로 상상하기 쉽다. 그렇지만 그것은 AI와 로봇이 인간의 노동을 완벽하게 대체할 수 있다는 전제가 성립될 때만 가능하다. 여기에 노동자의 인권을 고려하는 제도도 확립되어야 하며, 또한 노동자가 적은 노동으로도 생계를 유지하는 데 어려움이 없는 경제적 안정 또한 필요하다. 하지만 지금 한국의 현실은 그 어떤 조건도 온전히 채워지지 않았다. AI 상담사 도입은 오히려 상담사에게 근무 중 휴식처럼 느껴졌던 평이한 상담만을 빼앗아 간 형국이 되었다.

상담사가 처한 새로운 노동의 현실은 다음과 같다. AI 도입 이전에는 상담 내용이 쉬운 것과 어려운 것이 교차하며 들어왔고, 상대적으로 쉬운 상담의 경우 적절한 휴식 시간이 보장되지 않는 콜센터에서 나름의 휴식 시간처럼 여겨졌다. 그렇지만 AI 도입으로 인해 그와 같은 쉬운 상담이 대체되고 어렵고 복잡한 상담만 연속해서 처리하게 된 것이었다. 이렇게 짧게 끝날 수 없는 상담이 주된 업무가 되어 버리자 전체 상담 횟수가 감소해도 상담의 난이도는 확연히 높아지게 되면서 직무 스트레스는 더욱 높아지게 되었다.

실제로 다수의 콜센터 업체는 기술적 한계로 인해 AI 상담사를 단순 안내 및 응대에 활용하고 있는 실정이다. 언론에서 보도되듯 AI 상담사 도입으로 인해서 인간 상담사가 처리해야 할 상담량이 감소했다는 것은 바로 이와 같은 단순 상담에 해당된다. 즉, 절대적인 상담량은 일정 부분 감소할 수도 있지만 긴 시간이 소요되는 난해한 상담이 끊이지 않았고 그 결과 노동의 질이 이전보다 더욱 악화되었다. 현장 연구 결과, 심한 경우 한 시간 동안 단 4개의 상담만 받는 사례도 확인되었다.

이렇듯 같은 시간 동안 노동의 질적 강도가 악화되었지만 설상가상으로 상담사의 임금은 오히려 낮아질 수 있다. 예를 들면, 아웃바운드 상담의 경우 총 상담 수에 인센티브가 붙는 임금 체계의 경우(예, 상담 1회마다 단가 700원) AI가 '쉬운' 상담을 대체하게 되자 자연스럽게

임금이 감소하게 되어 있다. 심한 경우 AI 도입 이후 월급이 30만~40만 원 정도 감소한 사례도 있었다. 이처럼 업무에 대한 평가가 총량에 의존하는 노동 업무의 경우 AI 도입은 여러 안전망이 사전에 구축되지 않는 한 뜻밖의 결과를 마주할 수 있다.

AI가 못하는 친절을 요구하다

이처럼 AI 상담사 도입은 직접적으로 인간 상담사의 노동에 여러 변화를 초래했다. 앞서 소개했듯 AI 상담사의 부족한 상담 능력 때문에 인간 상담사는 대신해서 사과해야만 했다. 그런데 문제는 여기서 끝나지 않는다. AI는 충분히 친절하지 못했고, 부족한 부분은 결국 인간의 몫으로 되돌아왔다. 그것은 바로 '호응어'를 더욱 적극적으로 활용하라는 지시였다. 호응어는 "아~ 그러세요", "네, 맞습니다", "번거롭겠지만", "죄송하지만" 등처럼 고객의 말에 공감을 표시하는 말들이다. 콜센터 측 담당자가 전하는 표면적인 이유는 "AI와 차별화하기 위해서"였다. 하지만 가장 큰 이유는 AI 상담사로 인해 콜센터 상담 전체에 대한 고객들의 평가가 이전보다 나쁘게 나온 결과였다. 그렇게 떨어진 평가를 채우기 위해 인간 상담사에게 이전보다 더욱 친절한 상담을 요구한 것이다.

모든 콜센터는 기본적으로 개인별, 팀별, 그리고 업체별 월말 평가를 받는다. 그리고 그 평가는 결국 모두 비교 자료로서 사용된다. 따라서 AI 상담사가 고객 만족도를 훼손시켜 놓은 부분만큼 콜센터는 더 빨리, 더 많이 그 부분을 채워 넣기 위해 경쟁한다. 비교에서 우위를 차지하기 위해서 말이다. 콜센터 하청 업체들은 2~3년마다 원청 회사들과 재계약을 하고, 이때마다 다른 업체의 실적과 비교 우위에 있어야 한다. 이것은 개인 상담사도 크게 다르지 않다. 상담사는 매월 개인별 평가 점수를 받는다. 예를 들어, 총 100점에서 총 상담 시간은 10점, 총 상담 수는 40점, 그리고 질적 평가는 30점을 차지한다. 여기서 잘못된 안내로 인한 점수 차감은 10점인데 반해, 호응어를 제대로 사용하지 않을 때는 30점이나 차감된다. 현장 연구 결과, 호응어의 경우 과거에는 10점 차감이었지만, AI 도입 전후로 30점으로 오른 것으로 확인된 업체들이 있었다(김관욱, 2024).

기술철학자 마크 코켈버그(Mark Coeckelbergh)는 새로운 첨단 기술의 도입은 결과적으로 새로운 '기술 수행'을 초래하며 노동자에게 낯선 '안무'를 하도록 이끈다고 말했다(Coeckelbergh, 2022). AI 상담사는 단순히 인간의 특정 업무를 대체 혹은 보완하여 기존 노동의 양적 변화만을 일으킨 것이 아니었다. AI 도입은 상담사에게 기존에 없던 새로운 노동을, 그것도 보다 많은 감정노동을 추가적으로 짊어지게 만들었다. 과거 기업을 대신해 사과하고, 더욱 친절한 응대를 했다면 이제는 AI를 대신해서 사과하고, 더 많은 호응어를 사용해야만 하는 상황이 되었다. AI가 부족한 것이 마치 '인간 상담사'의 잘못인 양 말이다. 얼마나 더 많은 영역에서 이러한 일이 앞으로 반복될지 아무도 쉽게 예측할 수 없다.

참고문헌

김관욱(2022), 《사람입니다, 고객님》. 창비.

김관욱(2024). "도덕의 상품화: AI 도입 이후 콜센터 감정노동의 지형변화". 《한국문화인류학》, 57(3), 3~46쪽.

김현주(2024.6.14). "콜센터 메카에서 'AI발 위기'". 《매일노동뉴스》.

박지영(2024.6.4). "'사람입니다, 고객님'...콜센터 노동자는 'AI지식재산권 침해' 피해자". 《한겨레》.

Ekbia, H. & Nardi, B.(2017). *Heteromation, and other stories of computing and capitalism*. MIT Press.

Coeckelbergh, M.(2022). *The Political Philosophy of AI: An Introduction*. Polity Press. 배현석 옮김(2022). 《인공지능은 왜 정치적일 수밖에 없는가》. 생각이음.

08
AI 도입 이후 고용 실태 변화: 콜센터

AI는 더 이상 단순한 자동화 기술이 아니다. 오늘날 기업은 AI를 '해고의 정당화'와 '고용 불안정의 무기'로 활용하며, 기술을 앞세워 노동권을 침식하고 있다. 이 장은 콜센터 상담사의 사례를 통해 AI가 '정치적 기술'로 기능하며 노동 통제를 강화하는 현실을 조명한다.

AI와 한의학?

AI, 노동자 해고의 면죄부라는 오명

AI 도입은 노동자의 고용에 크게 2가지 측면에서 변화를 초래할 수 있다. 가장 대표적인 것은 노동 인력 대체로 인한 실질적인 일자리 감소다. 이것은 앞선 장에서 충분히 논의했으며, 일정 부분 예측 가능한 영역이다. 그렇지만 일반 시민들이 예상하지 못했던 또 다른 측면이 있다. 그것은 바로 AI가 노동자 해고의 직접적인 근거로서 작용할 수 있다는 사실이다. 즉, 기업은 노동자 해고의 정당성을 입증하는 근거로 AI를 활용할 수 있으며, 이는 기업에 일종의 면책 논리를 제공하는 역할을 할 수 있다.

가장 대표적인 예가 바로 아마존 물류 센터다. 이곳에선 이미 2017년부터 생산성을 달성하지 못한 직원 수백 명을 해고해 왔고, 그 근거는 컴퓨터 시스템이 평가한 개인 업무 성과 자료였다. 주목할 만한 것은 시스템이 직원의 휴식 시간(업무 이탈 시간)을 추적하고 감시하여 자동으로 경고를 발송하거나 계약 종료를 결정하는 방식으로 작동한다는 점이다(곽노필, 2024.6.29). '정확하고 객관적인 자료'라는 자동화된 시스템의 측정 결과를 근거로 해고가 정당화된 것이다. 이처럼 컴퓨터 시스템이라는 기계가 인간을 감시하고, 인간은 점차 로봇과 같은 기계로 전락하고 있다.

한편, AI는 또 다른 방식으로 노동자 해고에 대한 면책 논리를 제공한다. 대표적인 사례가 2023년 11월 말, 금융권 고객 센터 상담사들을 대상으로 한 집단 해고 시도였다. 당시 금융 기업은 AI 도입으로 고객 센터 전체 콜 수가 감소하였다며, 이를 이유로 두 곳의 협력 업체와의 계약을 2023년 말에 종료하겠다고 통보하였다. 동시에 해당 협력 업체 소속 상담사 240여 명에게 해고 예고 통지서를 발송하였다(이현주, 2024.2.20). 그러나 상담사 측 노동조합의 증언에 따르면, 실제 콜 수는 240여 명 전원을 해고할 만큼 감소하지 않았다. 더욱이 두 협력 업체에는 노동조합을 조직하고 적극적으로 활동 중이던 상담사들이 다수 포함되어 있었다. 또한 협력 업체 계약이 종료되더라도 다른 업체가 선정될 경우, 기존 상담사들의 고용 승계가 이루어지는 것이 관행이었으나 이번에는 이러한 절차도 거부되었다. 이러한 정황을 고려할 때, AI 도입만을 해당 집단 해고의 유일한 사유로 보기에는 분명한 한계가 있다(계승현, 2023.12.11). 결과적으로 AI는 한국의 고용 시장에서 집단 해고의 정당화를 가능케 하는 수단으로 기능하면서 '면죄부'라는 사회적 비판을 불러일으키고 있다.

AI, 불안정 고용 구조의 악화 가능성

AI 기술의 급속한 도입은 단순한 업무 자동화나 효율성 제고를 넘어, 고용 구조 전반에 구조적 불안정성을 초래하고 있다. 2024년 9월 5일, 'AI발 고용 위기와 금융권 콜센터 직고용 방안'을 주제로 한 국회 간담회에서 모 대형 보험 회사의 자회사 콜센터 노동조합 지회장은 AI 도입이 노동자들에게 미치는 현실적 영향을 구체적으로 증언하였다(박채연, 2024). 그는 콜센터 상담사로서 자신이 다루는 고객의 개인 정보가 주민 등록 번호, 운전 경력, 자동차 사고 이력은 물론, 상해 및 질병 치료 내역, 보험료 납부를 위한 계좌 번호와 카드 번호, 나아가 기초생활수급자의 의료비 지원 내역에 이르기까지 방대하고 민감한 정보들이라고 언급하였다. 이러한 정보는 그 민감성으로 인해 단 한 차례의 실수도 허용되지 않는 고도의 집중력과 윤리적 책임감을 요구한다.

그럼에도 해당 기업은 자회사임에도 불구하고 노동조합이 조직된 콜센터의 인력을 감축하는 한편, 노동조합이 없는 하청 업체와 새롭게 계약을 체결함으로써 양측 노동자 간 경쟁을 유도하였다. 이는 단순한 업무 재조정이 아닌 조직된 노동을 약화시키고 통제하려는 전략으로 해석될 여지가 있다. 더욱 심각한 문제는 노조가 없는 하청 업체의 상담사들이 별다른 교육 과정 없이 동일한 수준의 민감 정보를 다루도록 투입되고 있다는 점이다. 이로 인해 개인 정보의 안전한 관리 책임은 전적으로 현장 상담사 개인에게 전가되고 있으며, 조직 차원의 시스템적 보완이나 교육은 뒷전으로 밀려난 실정이다(우새롬 외, 2024).

이러한 구조적 문제 속에서 상담사들에게는 실적 압박이 가중되고 있다. 자회사 콜센터 간부는 AI 상담사 도입으로 콜 수가 줄었다는 이유로 "콜을 땡겨라", "영혼을 담아 친절하게 하여 칭찬 콜을 받아라"는 식의 압박을 가하고 있으며, 실적이 저조할 경우 "언제든 하청으로 전환될 수 있다"는 식의 발언도 서슴지 않았다. 이는 상담사의 업무를 기술적으로 대체할 수 있다는 AI의 상징성을 이용하여 노동자의 고용 안정성과 협상력을 무력화하는 전략으로 작동하고 있음을 보여 주는 사례다(김관욱, 2024).

결국 AI는 상담사의 업무를 직접 대체하지 않더라도 고용 구조를 재편하는 '정치적 기술'로서 활용되고 있는 셈이다. 이러한 정황을 종합할 때, AI는 기술 자체로서가 아니라 기업이 노동 유연화와 노조 약화를 추구하는 데 정당화 도구로 활용되고 있었다. 이처럼 AI는 단순히 비효율을 제거하거나 반복 업무를 대체하는 기술이 아니다. 그것은 점점 더 기업의 고용 전략에 깊숙이 침투하며, 기존의 고용 윤리와 노동 권리를 구조적으로 재편하고 있다. 특히 노동자의 책임은 줄어들지 않은 채, 오히려 실적과 성과, 고객 만족이라는 이름으로 강화되고 있다. 교육, 시간, 임금, 환경, 고용의 모든 측면이 열악해지는 가운데, AI는 오히려 인간 노동자에게 더 높은 기준과 감시를 요구하고 있는 것이다. 이러한 현실은 AI 도입이 곧장 노동 해방이나 인간의 창의성 증진으로 이어지지 않음을 명확히 보여 준다. 오히려 그 반대로 AI는 불안정한 고용 구조를 제도화하고, 노동자 간 분열과 경쟁을 조장하며, 기업 권력을 더욱 강화시키는 방식으로 작동할 수 있다는 사실에 주목해야 할 것이다.

유럽노동조합연구소의 AI에 대한 대처

AI 기술의 빠른 확산은 전 지구적 노동 시장의 구조와 조건을 재편하고 있으며, 노동자들은 점점 더 불안정한 환경 속에서 일하게 되고 있다. 이러한 현실 속에서 2024년 2월, 유럽노동조합연구소(European Trade Union Institute, ETUI)는 《AI, 노동, 그리고 사회(Artificial Intelligence, Labour and Society)》 보고서를 발간하였다. 이 보고서는 노동조합의 시각에서 AI가 야기하는 구조적 변화와 사회적 불평등의 문제를 다각도로 진단하고, 이에 대한 제도적 · 정책적 대응의 필요성을 강조하고 있다(ETUI, 2024).

ETUI 보고서는 기술의 중립성을 전제로 하지 않는다. AI는 단순히 '도구'가 아니라 고용 구조와 노동 조건, 그리고 사회적 권력 관계 전반을 재조정하는 정치적 기술로 간주된다. 따라서 AI에 대한 분석은 기술적 효율성만이 아니라 그것이 구체적으로 누구에게 이익이 되고, 누구를 배제하는지를 묻는 방식으로 전환되어야 한다. 보고서는 총 네 가지 핵심 영역을 중심으로 AI가 노동에 미치는 영향을 분석한다.

첫째, 직업 구조의 변화다. AI와 자동화는 반복적이고 표준화된 저숙련 업무를 중심으로 대체 가능성을 높이고 있으며, 이는 단순히 일자리 감소에 그치지 않고, 전체 직무의 조직 방식에 구조적 전환을 가져오고 있다. 특히 고숙련 직종에서도 AI의 보조적 기능이 강화되면서 인간의 판단과 전문성이 점차 시스템에 통합되고 있다. 이러한 전환 과정은 기술적 실업과 직무 재편, 새로운 노동 형태의 등장이라는 복합적 양상을 띠고 있다.

둘째, 노동 조건의 재편이다. AI는 알고리즘을 통한

원격 감시, 업무 자동 분배, 성과 측정 등을 통해 노동자에 대한 통제를 강화하고 있다. 특히 플랫폼 노동자나 콜센터 상담사처럼 이미 디지털 환경에 익숙한 노동자들에게는 AI가 실질적인 '감독자'로 작동하고 있으며, 이는 노동자의 자율성과 권한을 제한하는 방향으로 나아가고 있다.

셋째, 임금 격차와 디지털 불평등의 심화다. AI는 고숙련 노동자에게는 새로운 보상 구조를 가져다줄 수 있지만 저숙련 노동자에게는 임금 하락, 고용 불안정, 사회적 배제를 초래할 가능성이 크다. 이러한 차별적 영향은 기술 격차를 넘어, 계층 간 권력 불균형을 심화시키며, 결과적으로 소위 '디지털 계급 체제'를 강화한다.

넷째, 노동권 보호와 규제 장치의 시급성이다. 현재의 노동법과 제도는 AI 기반의 노동 환경 변화에 적절히 대응하지 못하고 있으며, 이로 인해 노동자의 데이터 권리, 알고리즘의 투명성, 자동화에 따른 대체 인력 보호 등의 영역에서 제도적 공백이 발생하고 있다. ETUI는 AI의 책임 있는 사용을 위해서는 규제적 개입이 필수적이며, 특히 노동조합의 역할이 더욱 중요해지고 있다고 강조한다.

이 보고서는 AI 도입이 곧 기술 진보를 의미하는 것이 아니라 기술을 둘러싼 정치·경제적 맥락을 고려하지 않고서는 진정한 의미의 노동 보호가 불가능하다는 점을 분명히 한다. 앞서 소개한 한국의 콜센터 상담사가 처한 현실은 그 단적인 예라 할 수 있다. 따라서 AI 시대의 노동 문제는 단지 자동화로 인한 일자리 감소 문제가 아니라 노동권을 중심에 두는 규범적 개입 없이는 기술이 불평등을 심화시키는 방향으로 작동할 수밖에 없다는 경고로 읽혀야 할 것이다.

참고문헌

곽노필(2024.6.29). "직원 해고를 결정하는 인공지능". 《한겨레》. https://www.hani.co.kr/arti/science/future/891764.html

계승현(2023.12.11). ""국민은행 콜센터 240여명 해고 규탄...고용승계 책임져야"". 〈연합뉴스〉. https://www.yna.co.kr/view/AKR20231211085100004

김관욱(2024). "도덕의 상품화: AI 도입 이후 콜센터 감정노동의 지형변화". 《한국문화인류학》, 57(3), 3~46쪽.

박채연(2024.9.5). ""AI는 인간 상담사 대체 불가"...콜센터 직접고용이 필요한 이유는?". 《경향신문》. https://www.khan.co.kr/article/202409051724001

우새롬 외(2024). "AI발 고용위기와 금융권콜센터 직고용방안". AI발 고용위기와 금융권콜센터 직고용방안 정책토론회 자료집.

이현주(2024.2.20). ""내 자리 대체할지 모를 AI, 내가 학습시켰다"...콜센터 습격한 AI". 《한국일보》. https://www.hankookilbo.com/News/Read/A2024021503

440000791?utm_source=chatgpt.com

ETUI(2024). "Artificial intelligence, labour and society". https://www.etui.org/sites/default/files/2024-03/Artificial%20intelligence%2C%20labour%20and%20society_2024.pdf

09
AI가 대체하지 못하는 노동의 영역: 콜센터

콜센터는 AI로 대체될 수 없는 인간 노동의 핵심이 무엇인지를 가장 선명하게 드러내는 현장이다. 이 장은 인간 목소리가 수행하는 감정 조율, 추심의 설득, 그리고 윤리적 책임의 수행이 어떻게 기술이 대체할 수 없는 가치로 작동하는지를 추적한다.

AI와 화장품?

AI가 부각시킨 인간 목소리의 가치

AI 기술은 서비스 산업 전반에서 자동화의 상징으로 등장하고 있으며, 특히 콜센터 영역은 실험장이자 실현 공간이 되고 있다. 기업들은 음성 인식 기술을 활용하여 고객 질문에 실시간으로 응답하는 AI 상담사를 도입하고 있고, 반복적이고 표준화된 업무는 점차 기계가 맡는 구조로 전환을 시도하고 있다. 그러나 AI가 상담 업무 전반을 대체할 수 있을 것이라는 낙관은 현실의 노동 현장에서 충돌에 직면하고 있다. 특히 콜센터는 단순한 '정보 전달'의 장이 아니라 감정적 소통과 도덕적 판단, 그리고 복잡한 책임이 얽힌 긴장된 공간이다. 이번 장에서는 콜센터 업무가 AI로 완전히 대체될 수 없는 이유를 세 가지 측면, 즉 '인간 목소리의 가치', '추심노동의 복잡성', 그리고 '책임노동'의 구조를 중심으로 분석하고자 한다.

우선 AI 상담사는 기본적으로 고객과의 의사소통 과정에서 빠른 응답과 효율적인 정보 처리를 추구한다. 그러나 응답 속도가 빠르다는 것이 곧바로 고객 만족으로 이어지는 것은 아니다. 실제로 고객들이 AI 상담을 받은 후에도 인간 상담사를 찾는 이유는 단순히 정보를 얻기 위해서가 아니라(물론 이 또한 기술적 한계로 인해 제대로 이루어지고 있지 않지만) 자신의 문제와 감정을 이해

받고 싶다는 기대 때문이다. 콜센터에서 고객은 종종 단순한 기술적 문제보다 감정적 불편이나 불안, 억울함, 불신과 같은 정서를 품고 전화를 건다. 이때 필요한 것은 단순한 사실 전달이 아니라 목소리를 통한 관계 형성, 즉 사람 간의 대화다.

콜센터 노동자들은 고객의 말투, 목소리의 높낮이, 침묵의 길이, 반복되는 단어 등을 통해 고객의 현재 상태를 파악하고 그에 맞는 어조와 언어를 선택한다. 이처럼 비언어적 신호를 감지하고 적절히 대응하는 능력은 기계가 쉽게 모방할 수 없는 인간의 고유한 감각이다. 상담사들은 '기계처럼 정중하게' 응대하는 것이 아니라 오히려 기계와 구별되는 방식으로 감정을 조절하고, 타이밍을 맞추며, 언어 너머의 분위기를 조율한다. 특히 일부 은행이 AI 응답을 통해 "지금은 콜이 폭주합니다", "감사합니다. 다음에 연락주세요"라는 멘트를 남기고 전화를 일방적으로 종료했던 사례는 고객 응대에서 가장 중요한 신뢰와 정서적 접점을 포기한 것이나 다름없었다(김관욱, 2024).

더 나아가 상담사의 목소리는 기업의 '얼굴'로 작동한다. 고객은 AI 응답을 받는 순간 해당 기업이 자신을 어떻게 대우하고 있는지를 직감적으로 감지한다. AI 상담사의 일방성과 기계적인 친절함은 '비인간적'이라는 느낌을 강화시키며, 그로 인해 기업에 대한 전반적 신뢰도는 오히려 하락할 수 있다. 이러한 점에서 '인간 목소리'는 단지 감정노동의 도구가 아니라 기업과 고객을 연결하는 사회적 매개자로서의 기능을 수행한다.

추심노동: 감정 조율과 설득의 기술

역설적으로 인간 상담사의 목소리가 지닌 고유한 가치를 가장 먼저 인식한 주체는 다름 아닌 AI를 도입한 기업들이었다. AI에 대한 기술적 낙관과 이윤 추구를 동력으로 삼아 AI 상담사를 적극적으로 도입한 결과, 기업은 오히려 기존 상담 업무가 저임금의 단순한 비숙련 여성 노동에 불과하다는 통념이 실상과 거리가 있음을 확인하게 되었다.

실제로 AI 상담사의 실패는 '추심(推尋) 업무'(보통 은행이 수취인의 위탁을 받고 어음, 수표, 배당금 따위의 대금을 받아 내는 일)에서 가장 분명하게 드러난다. 일부 은행과 하청 콜센터는 2022년 이후 연체 채권 회수 업무의 일부를 AI로 대체하고자 했고, 실제로 일정 비율의 아웃바운드 콜을 AI 상담사로 전환했다. 하지만 채권 회수율이 급감하면서 불과 몇 달 만에 다시 인간 상담사가 투입되었다. 그 이유는 명확하다. 추심은 단순한 고지의 문제가 아니라 감정과 설득, 타이밍의 기술이 복합적으로 작용하는 고난이도 상호 작용이기 때문이다(김관욱, 2024).

연체 고객들은 대개 금전적 어려움을 겪고 있으며, 반복되는 추심 전화에 대해 불쾌감, 수치심, 분노 등의 감정을 지닌다. 상담사는 이러한 감정을 자극하지 않으면서도 일정한 설득을 해야 한다. 때로는 공손하게, 때로는 단호하게, 때로는 함께 한숨을 쉬며 대화를 이어나가야 한다. 반면, AI 상담사가 고객의 감정 상태를 실시간으로 판단하고, 설득의 언어를 구사하며, '너무 이르지도, 너무 늦지도 않게' 요청을 전달하는 일은 아직 불가능하다.

현장 연구 중 듣게 된 10년차 상담사의 증언에 따르면 고객은 때로 상담사에게 자신의 인생사를 털어놓고, 현재 처지를 하소연한다. 상담사는 그것을 차단하지 않고 받아들여야 하며, 이후 필요한 메시지를 정중하고 신중하게 전달해야 한다. 이때 말의 순서나 어조 하나로도 고객 반응이 완전히 달라질 수 있다. 뿐만 아니라 상담사가 추심 전화를 걸기 전부터 다음 콜의 내용을 예상하고, 고객과의 지난 통화 이력을 파악하며 '말할 수 있는 조건'을 조성해야만 업무가 원활히 수행된다. AI가 따라할 수 없는 것은 단순히 감정이 아니라 이처럼 시간에 대한 직관, 감정의 흐름, 기억의 맥락이다.

이처럼 상담 노동은 정신적 소진이 크며, 욕설과 모욕, 부당한 대우 역시 적지 않게 반복된다. 상담사는 자신이 대출을 해준 당사자가 아님에도 빚을 받은 고객의 분노를 감내해야 한다. 이처럼 '비난의 대리인'으로 기능하면서도, 여전히 공손함과 설득력을 유지해야 하는 상담사의 위치는 AI가 감당할 수 없는 윤리적 긴장을 수반한다.

책임노동: 감시, 윤리, 돌봄의 경계에서

콜센터 노동에서 AI로 대체할 수 없는 또 하나의 핵심은 '책임'의 문제다. 이 책임은 단순히 업무 성과나 매뉴얼 준수의 차원이 아니라 누군가의 삶과 안전을 실질적으로 지켜야 한다는 윤리적 감각에서 비롯된다. 실제로 보험 관련 콜센터 상담사들은 고객이 서류를 제때 제출하지 않으면 무보험 상태로 차량을 운전하게 되는 현실을 우려하며, 퇴근 시간이 지나도 스스로 업무를 마무리했다. 조직은 이를 요구하지 않았고, 오히려 무시했지만 상담사들은 고객의 위험을 알고 있었기 때문에 자발적으로 책임을 감당한 것이다(우새롬 외, 2024).

하지만 이 책임은 조직의 이름으로 공식적으로 인정되거나 보상되지 않는다. 도리어 노동조합을 조직한 자회사 상담사는 감축 대상이 되고, 하청 상담사는 제대로 된 교육 없이 방대한 개인 정보를 다룬다. 민감한 정보를 다루는 데 필요한 윤리 교육과 시스템적 지원은 부족하고, 오히려 그 책임은 '실수하지 말라'는 식의 개인화된 부담으로 전가된다.

상담사는 고객의 인생 정보를 통째로 마주하면서도 낮은 임금과 계약직이라는 불안정한 지위에 놓여 있으며, 실수 시에는 평가 점수 하락, 인센티브 삭감, 계약 해지라는 불이익을 감수해야 한다. 감시와 책임이 모두 개인에게 집중되지만 최종 결정권은 기업에 있으며, 그들은 책임으로부터 쉽게 보호된다. 이처럼 콜센터 상담사는 감시당하는 노동자이자 동시에 누군가를 돌보고 보호하는 책임 주체이기도 하다.

결론적으로 AI 상담사는 콜센터 업무에서 일정 부분 반복적이고 구조화된 과업을 분담할 수는 있지만 감정, 설득, 윤리, 책임이 결합된 다층적 인간 노동을 완전히 대체할 수는 없다. 오히려 AI 도입은 인간 노동의 불필요함을 입증하는 것이 아니라 무엇이 인간만이 할 수 있는 일인가를 더욱 선명하게 드러내는 계기가 되고 있다. 인간 목소리는 단지 정보를 전달하는 통로가 아니라 공감과 설득, 관계 형성의 핵심 매체이고, 추심은 정해진 논리가 아니라 흐름과 감각의 예술이며, 상담사의 책임은 지시받은 업무가 아니라 윤리적 선택이다. 이러한 점에서 볼 때, 콜센터는 AI 시대에도 여전히 인간 노동의 대체 불가능성과 복잡성을 증명하는 최전선이라 할 수 있다.

참고문헌

김관욱(2024). "도덕의 상품화: AI 도입 이후 콜센터 감정노동의 지형변화". 《한국문화인류학》, 57(3), 3~46쪽.

우새롬 외(2024). "AI발 고용위기와 금융권콜센터 직고용방안". AI발 고용위기와 금융권콜센터 직고용방안 정책토론회 자료집.

10

AI 도입 이후 노동 지형의 변화: 콜센터

AI 도입은 상담사의 감정노동을 축소시키기는커녕 공감, 윤리, 책임이라는 새로운 '잉여 윤리'를 요구하고 있다. 이 장은 도덕이 상품화되는 새로운 노동 구조 속에서 상담사의 윤리 감각이 어떻게 착취되고 있는지를 살피며 인간 돌봄 노동의 가치를 재조명한다.

종교와 AI?

AI 시대, 잉여 감정에서 잉여 윤리로

AI는 콜센터 산업의 풍경을 근본적으로 바꾸고 있다. 반복적이며 예측 가능한 업무를 기계가 대신 수행함으로써 효율성과 비용 절감을 꾀하고자 한 기업들의 전략은 겉으로 보기엔 성공적인 듯 보인다. 그러나 실상은 다르다. 인간 상담사가 수행해 왔던 감정, 윤리, 판단이 결합된 노동은 AI에 의해 대체되지 않았을 뿐 아니라 오히려 더 큰 강도와 책임의 형태로 인간 상담사에게 다시금 부과되었다. 이 장에서는 AI 도입 이후 드러난 새로운 노동 지형의 핵심적인 세 가지 양상을 중심으로 콜센터 노동의 변화를 보여 주고자 한다.

콜센터 상담사는 오랫동안 '감정노동자'로 불려 왔다. 고객에게 친절하고 부드러운 목소리로 응대하는 태도는 일종의 감정 규율로 제도화되었고, 기업의 수익 창출을 위한 '잉여 가치' 생산 수단이 되었다. 이때 감정은 일정한 범위 내에서 통제 가능한 것이었다(Woodcock, 2016). 그러나 AI 상담사 도입은 이 구도를 변화시켰다. 정보 제공, 단순 응대, 기계적 응답은 더 이상 인간 상담사의 고유한 업무가 아니게 되었다. 그 결과, 인간 상담사에게 남은 것은 보다 고차원의 공감, 도덕적 판단, 윤리적 책임감이었다.

이는 기업이 요구하는 '잉여 가치'를 생산하기 위해 이제 더 이상 '잉여 감정'만으로는 부족하다는 것을 보여 준다. 고객의 미안함, 수치심, 불안, 분노 등 복합적인 정서를 조율하고, 고객의 윤리적 반응을 유도하며, 동시에 실수를 하지 않는 정밀함을 유지해야 하는 이중의 압박이 상담사에게 가해지고 있다. AI가 대체할 수 없는 영역을 메우기 위해 인간은 '잉여 윤리'를 자원처럼 동원당하고 있는 것이다. 이는 노동의 질적 전환을 의미하며, 단순히 더 '친절하게'가 아니라 더 '윤리적으로' 행동해야만 생존 가능한 조건을 보여 준다(김관욱, 2024).

AI 시대, 도덕의 상품화

필자는 10년 넘게 콜센터 현장 연구를 지속해 오면서 상담사의 잉여 노동이 선형적이고 이분법적인 방식으로 변화한 것이 아니라 시대적 환경 변화에 따라 다양한 형태의 노동이 점차 축적되는 양상을 띠고 있음을 목격했다. 즉, 육체노동, 정신노동, 감정노동, 그리고 추심·책임노동은 서로 대체되는 것이 아니라 기업의 필요에 따라 잉여 가치의 무게 중심이 옮겨 가며 누적적으로 요구되어 왔다(김관욱, 2024).

2010년대 초반에는 '감정노동'이 주목받으며 상담사

의 친절함과 미소의 상품화가 이윤 창출의 중심에 놓였고(김관욱, 2018), 팬데믹 시기에는 비대면 수요 증가에 따른 속도 중심의 응대, 즉 '감정 없는 노동'이 이상적인 상담사의 조건으로 등장하였다. 이 과정에서 개인의 공감이나 윤리적 판단은 오히려 비효율적이고 비도덕적인 것으로 간주되었으며, 상담사는 기업이 설정한 '도덕규범'을 따르는 것이 성실한 행위로 평가되었다(김관욱, 2023).

그러나 AI 상담사 도입으로 반복적 정보 전달 업무가 기계로 대체되면서 기업은 다시 인간 상담사의 공감 능력과 섬세한 정서적 조율 능력이 필요한 영역—특히 추심 상담—에 주목하기 시작했다. 이는 상담사의 윤리적 판단과 감정 조율 능력을 자원으로 삼는 것이다. 한편, 기대와 달리 AI 상담사의 한계로 인해 상담의 전반적인 질과 양이 저하되었고, 고객과 인간 상담사 모두가 불편함을 겪는 상황이 초래되었다. 그럼에도 기업 이윤은 콜센터 플랫폼을 통해 지속적으로 증가하는 구조다.

결국 이러한 변화는 곧 상담사의 윤리적 감각을 기업의 이윤 추구를 위한 도구로 활용하는 구조라 할 수 있다. 필자는 이것을 '도덕의 상품화'로 부르고자 한다(김관욱, 2024). 상담사는 고객 상태에 따라 미안함, 고마

움, 수치심 등을 섬세하게 파악하는 능력을 발휘해야 하며, 이는 기존의 감정노동 개념으로는 포착하기 어려운 새로운 노동 형태다. 그리고 이러한 상담사의 노동은 이제 더 이상 자율적 가치 판단이 아니라 인센티브 체계와 실적 압박 속에서 측정되고 평가되는 대상이 되고 있다.

인도 임상 시험 현장을 분석한 인류학자 라잔(Rajan)의 '잉여 건강(surplus health)' 개념은 이와 유사한 문제를 환기시킨다. 그는 제약 회사들이 건강한 신체를 자원처럼 이용해 잉여 가치를 창출하는 구조를 비판하며 '건강의 상품화'를 지적했다(Rajan, 2007). 한국 콜센터 상담사의 '윤리' 역시 유사한 방식으로 '동원되지만 보상받지 못하는' 구조에 놓여 있다. 상담사의 정직함, 책임감, 배려심은 상담사 개인의 양심이 아니라 AI 도입과 함께 어느덧 기업의 영업 도구가 되었다.

기술윤리의 부재와 상담사의 '조율' 능력

AI 기술은 상담사들의 업무 일상에 새로운 감정적 긴장을 초래했다. 기술과 인간의 관계, 효율성과 책임의 균형, 자동화와 돌봄의 충돌 속에서 상담사들은 새로운 윤리적 위치를 조정해야 하는 상황에 놓였다. 그러나 문제는 이러한 전환을 가능케 할 최소한의 '기술윤리'적 장치가 한국의 기업 문화에 존재하지 않는다는 점이다. AI 도입으로 인해 발생할 윤리적 충돌이나 노동자의 불안을 고려한 제도적 보완은 전무하다.

결국 상담사는 스스로를 끊임없이 조율해야 한다. 고객 상태, 기업의 요구, 평가 기준, 그리고 자신의 가치관 사이를 오가며 통화마다 타이밍을 맞추고, 위험을 예측하며, 결과를 감수한다. 인류학자 암루테(Amrute, 2019)의 논의처럼 기술 도입 이후 새로운 환경에서 노동자가 '조율(attunement)'할 수 있는 조건이 제공되어야 함에도 불구하고, 한국의 콜센터 노동자는 오히려 조율 능력 자체를 기업의 이윤을 위한 자원으로 전유당하고 있다.

실제로 상담사들은 고객에게 도움이 되는 정보를 제공하고 싶어도 콜 수 압박 때문에 '말하지 않기로' 결정해야 하며, 동료에게 피해가 갈까 봐 더욱 공손하게 대응하고, 불완전한 정보를 주었을까 불안에 시달린다(김관욱, 2024). 이 모든 윤리적 갈등은 기업도, 법도, 제도도 책임지지 않으며, 전적으로 상담사 개인의 내면에 축적된다. 그러나 이와 같은 윤리적 감수성과 실천은 여전히 정당한 평가를 받지 못하고 있다. 오히려 AI에 대한 투자는 확대되고, 인간 상담사는 더욱 불안정한 위치로 밀려나고 있다. 기술에 자신을 조율하는 노동자들에게는 아무련 기술윤리적 보호 장치도 마련되지 않은 채, 자발적 '조율'만이 생존의 조건이 되고 있다.

결국 AI 도입 이후 변화된 콜센터 노동은 기존의 감정노동 담론만으로는 포착할 수 없는 새로운 잉여 노동의 지형을 드러낸다. 상담사의 노동은 점점 더 '윤리적 노동'의 성격을 띠고 있으며, 이는 단지 정서적 소진의 문제가 아니라 구조적으로 기업이 방기한 책임을 노동자에게 전가하는 문제다. 따라서 오늘날 상담사 노동을 논의할 때에는 '잉여 윤리', '도덕의 상품화', 그리고 그로 인한 윤리적 갈등을 중심으로 한 새로운 분석 틀이 요구된다.

AI 시대, 노동의 돌봄 가치 재조명

AI의 확산은 콜센터 산업의 노동 구조를 근본적으로 재편하고 있으며, 상담사들은 보호받지 못한 채 경쟁 압력 속에 내몰리고 있다. 2018년 10월에 제정된 '감정노동자 보호법'이 있지만 기업의 과도한 업무 지시에 대한 제재 수단은 마련되어 있지 않다. 이러한 제도적 공백 속에서 AI 상담사는 상담사에게 또 다른 위협이자 경쟁자로 등장하였다.

기술철학자 코켈버그는 'AI 윤리'가 AI의 윤리성 자체가 아니라 AI에 대한 인간의 윤리적 태도에 대한 성찰에서 출발해야 한다고 강조한다(Coeckelbergh, 2020). 한국의 현실은 아직 이와 거리가 멀다. 기업들은 AI 도입으로 이윤을 추구하는 과정에서 상담사들이 감당해야 할 윤리적 부담에 대해서는 침묵한다. 상담사의 숙련된 감정 조율, 공감, 책임감은 AI가 대체할 수 없는 노동의 핵심임에도, 오히려 이윤을 위한 '도덕의 상품화' 대상으로 전환되고 있다. 일본 소프트뱅크(SoftBank)가 AI 기술을 상담사를 보호하기 위해 활용한 것과 달리(최성욱, 2024), 한국에서는 이를 인간 상담사의 능력을 착취하는 수단으로 사용하는 게 현실이다. 자동화 담론이 '좋은 일자리'를 고려하지 않은 채 인간의 편의만을 추구하는 가운데 우리는 콜센터 상담사의 '돌봄 능력'이야말로 지금 이 시대에 재조명되어야 할 핵심 가치임을 목격하고 있다.

AI 시대를 맞이해서 이제 우리가 던져야 할 질문은 기술로 어떤 미래를 만들 수 있는가가 아니라 상담사들이 실천하고 있는 인간 노동자가 지닌 고유한 돌봄 기술로 어떤 사회를 준비할 것인가가 되어야 한다. 감정과 도덕이 상품화되는 시대, 오히려 우리는 그 속에서 다시금 돌봄 윤리를 발견하고, 그것을 중심에 놓는 노동의 미래를 준비해야 한다.

참고문헌

김관욱(2018). "'미소 띤 ARS': 메를로-퐁티의 몸 현상학으로 본 콜센터 여성상담사의 감정 '이상의' 노동". 《한국문화인류학》, 51(1), 51~95쪽.

김관욱(2023). ""뭐라도 하려는" 그녀들: 팬데믹 시기 콜센터 여성상담사의 노동쟁의 속 정 동정치". 《한국문화인류학》, 56(1), 87~138쪽.

김관욱(2024). "도덕의 상품화: AI 도입 이후 콜센터 감정노동의 지형변화". 《한국문화인류학》, 57(3), 3~46쪽.

최성욱(2024.6.15). "日 악성 민원인 급증에…소프트뱅크, 전화기서 '감정 제거' 기술 개발". 《서울경제》. https://www.sedaily.com/NewsView/2DAH21PC61

Amrute, S.(2019). Of techno-ethics and techno-affects. *Feminist Review, 123*(1), pp.56~73.

Coeckelbergh, M.(2020). *AI Ethics*. MIT Press. 신상규·석기용 옮김(2023). 《AI 윤리에 대한 모든 것》. 아카넷.

Rajan, K.(2007). Experimental values-Indian clinical trials and surplus health. *New Left Review, 45*, pp.67~88.

Woodcock, J.(2016). *Working the phones: Control and resistance in call centres*. Pluto Press.

김관욱

덕성여자대학교 문화인류학과 교수이자 가정의학과 전문의다. 의료인류학을 전공했으며, 서울대학교에서 석사학위를, 영국 더럼대학교에서 박사학위를 취득했다. 흡연과 중독, 감정노동과 건강을 중심으로 연구해 왔으며, 주요 연구 대상은 콜센터 상담사, 이주노동자, 탈북민, 암환자, 부랑인 시설 입소자 등이다. 최근에는 인공지능과 노동, 한국의 암 검진 제도 및 건강문화에 대한 연구를 진행하고 있다. 저서로는 《지불되지 않는 사회》(2024), 《몸,》(2024), 《달라붙는 감정들》(공저, 2024), 《자꾸 생각나면 중독인가요?》(2024), 《사람입니다, 고객님》(2022), 《나는 현명한 흡연자가 되기로 했다》(2022), 《아프면 보이는 것들》(공저, 2021), 《코로나 팬데믹과 한국의 길》(공저, 2021), 《아프지 않았으면 좋겠습니다》(2018), 《의료, 아시아의 근대성을 읽는 창》(공저, 2017), 《폴 파머, 세상을 고치는 의사가 되어 줘》(2016), 《굿바이 니코틴홀릭》(2010) 등이 있다.